Helmuth Uhrig

Sprechzeichnen

Ein Weg
zur biblischen Geschichte

Born-Verlag

2. Auflage
© 1989 by Born-Verlag, Kassel
Printed in Germany
Gesamtherstellung: St.-Johannis-Druckerei, Lahr
ISBN 3-87092-093-9

In Dankbarkeit gewidmet
den Förderern des Sprechzeichnens
Kirchenpräsident Professor Dr. Wolfgang Sucker
und Studienleiter Dr. Hans Kallenbach

Inhalt

Einleitung 9
Grundsätzliches zum Thema „Wort und Bild" 13
Beispiele von Sprechzeichnungen 38
Tafeln 43

Glyphen
    Mensch (Tafeln 1–14)
    Tier (Tafeln 15, 16)
    Pflanzen (Tafeln 17–19)
    Berg, Höhle (Tafel 20)
    Elemente (Tafel 21)

Arten der Darstellung
    Grundriß-Aufriß (Tafel 22–29)
    Isometrie (Tafel 30, 31)
    Perspektive (Tafel 32)
    Kubistische Komposition (Tafel 33)

Bezeichnen des Nicht-Vorstellbaren
    Symbolische Glyphen (Tafel 34–38)

Das Verhältnis von Wort zu Bild (Tafel 39–42)

Oben und unten im Bild (Tafel 43, 44)

Links und rechts im Bild (Tafel 45)

Links und rechts als Bildqualität (Tafel 46, 47)

Die Deformierung (Tafel 48)

Maßstab-Veränderung (Tafel 49, 50)

Übersetzungsmethoden vom Wort ins Bild
    Das Reihenbild (Tafel 51, 52)
    Lesen von Bilderreihen im Raum (Tafel 53)
    Bilderreihen mit Höhepunkt (Tafel 54)
    Die betonte Bilderreihe (Tafel 55, 56)
    Anordnen und Lesen von Bilderreihen (Tafel 57, 58)

    Das Mehr-Szenen-Bild (Tafel 59)
    Das Panorama-Bild (Tafel 60, 61)
    Der fruchtbare Augenblick (Tafel 62)
    Von der Autonomie des Bildes (Tafel 63)
    Die Bild-Assoziation (Tafel 64, 65)
    Das Verwandlungsbild (Tafel 66)

Das Verhältnis von Wort zu Bild
    Das Bild im Wort. Das Gleichnis (Tafel 67)
    Das kleine Bild im großen Bild (Tafel 68, 69)
    Das kompilatorische Bild (Tafel 70, 71)
    Bild-Worte (Tafel 72–74)

Falsche Anwendung von Zeichen und Symbolen (Tafel 75)

Das Kurz-Bild (Tafel 76–78)

Beispiele von Sprechzeichnungen
    Der Hauptmann von Kapernaum (Tafel 79)
    Tochter des Jairus (Tafel 80)
    Christus und Zachäus (Tafel 81, 82)
    Der Schatzmeister aus Äthiopien (Tafel 83)
    David und Goliath (Tafel 84, 85)

Siegfried Geppert, Sprechzeichnen und der Tageslichtschreiber . . . 214
Nachwort 215

Einleitung

Eines Tages im Jahr 1948 besuchte mich ein Pfarrer. Wir unterhielten uns über eine Bibelstelle. Eine Rede gab die andere. Das Gespräch dauerte über drei Stunden. Da sagte ich: „So kommen wir nicht weiter, wir müssen das zeichnen, was wir sagen wollen." Ich nahm Papier und Bleistift und zeichnete. Dadurch kamen wir uns rasch näher. Ich gab Papier und Bleistift meinem Partner und sagte: „Machen Sie mir die Gegenzeichnung." Er schob Papier und Bleistift zurück mit der Bemerkung: „Ich kann nicht zeichnen."
Diese Bemerkung war der Anlaß zur Entstehung des Sprechzeichnens. Damit ist bereits gesagt, was das Sprechzeichnen will: Man spricht und zeichnet zugleich, d. h. genauer, man unterstützt das gesprochene Wort durch die begleitende Zeichnung.
Es war mir klar, daß ich etwas Neues erfinden mußte: Zeichen, „Glyphen" genannt, die auch jeder künstlerisch Ungeübte so rasch lernen und so einfach gebrauchen kann wie ein Abc.
In den darauf folgenden Tagen entwarf ich eine ganze Anzahl „glyphischer" Zeichen und erprobte, wie man die menschliche Gestalt möglichst rasch und ohne künstlerische Sachkenntnis aufs Papier schreiben kann. Ich stellte dabei an mich selbst folgende Forderungen:
Es muß möglich sein, die Glyphe „Mensch" so einfach und so rasch niederzuschreiben wie einen Buchstaben.
Es muß möglich sein, aus einer Grundform heraus die verschiedensten Erscheinungsformen des Menschen, Stehen, Gehen, Sitzen und Liegen, zu entwickeln.
Bei raschem Schreiben darf die Glyphe nicht abwertend oder entstellend wirken.
Zu der Glyphe „Mensch" müssen noch Glyphen für „Pflanzen", „Tiere", „Räumliches" und „Symbolisches" entwickelt werden.
Es lag zunächst nahe, das allgemein bekannte „Strichmännchen" zu verwenden. Nach einigen Versuchen verwarf ich jedoch diese Form aus folgenden Gründen:
Als Glyphe, die rasch geschrieben werden soll, ist sie zu umständlich. Als Bildaussage gibt das „Strichmännchen" immer nur ein Skelett. Man kann damit zwar die verschiedensten menschlichen Grundbewegungen, nicht aber die menschliche Gestalt als Erscheinung mitteilen.
Ich untersuchte dann Glyphen des Menschen in Höhlenmalereien, bei den frühen Afrikanern, in den Bilderschriften der Asiaten, der Afrikaner und Mexikaner, außerdem die verschiedensten folkloristischen Menschendarstellungen. Ferner lag es nahe, die Glyphen für „Mensch" in Kinderzeichnungen zu untersuchen. Doch alle diese Glyphen schienen mir für rasches Schreiben nicht einfach und zügig genug. Danach ging ich zur geometrisierenden Abstraktion über und übte unermüdlich, bis sich durch ständiges „Abschleifen" die Bildformel herauskristallisierte, die heute für das Sprechzeichnen charakteristisch ist.

Der beste Beweis, daß ich die gesuchte Bildformel gefunden habe, ist die Tatsache, daß sie heute von jedermann ohne viel Mühe in kürzester Zeit benutzt werden kann. Es ist geradezu erstaunlich, mit welcher Selbstverständlichkeit und Sicherheit auf einer Sprechzeichnertagung Neuhinzukommende die Glyphen verwenden und damit Bildmitteilungen machen können. Heute, nach zwanzig Jahren „Sprechzeichnen", haben wir einen völlig geschlossenen Aufbau für die Unterweisung darin; diese Erfahrungen sind auch in dem vorliegenden Buch verarbeitet.
Die Glyphen allein aber genügen nicht. Im Sprechzeichnen schreiben wir Bilder. Aus diesem Grund muß der angehende Sprechzeichner mit den Bildgesetzen bekannt gemacht werden; denn ihre Kenntnis gehört zum Fundament jeglicher Bildgestaltung. Zum Glück konnte ich dabei auf eine lange Erfahrung im Umgang mit Bildern zurückgreifen.
Wenn ich „Bildgesetze" sage, so klingt das sehr nach Kunststudium. Gewiß gehört das Studium der Bildgesetze zur Grundlage bei jedem Studium der Bildenden Kunst. Aber auch Kinderzeichnungen und folkloristische Gestaltungen haben Bildgesetze, die von jedem Kind streng eingehalten werden. Deshalb muß man nicht gleich von Kunst reden. Auch in der angewandten Geometrie kennt man Bildgesetze und formuliert sie. Hierbei denke ich vor allem an die Forschungen des Mathematikers Lietzmann. Im vorliegenden Buch sind die für den Sprechzeichner wichtigsten Bildgesetze zu einer Bildsyntax zusammengetragen.
Das Sprechzeichnen ist vielfältig anwendbar:
Es dient vor allem dazu, beim Gespräch über biblische Texte das gesprochene Wort sichtbar zu machen.
Eine Sozialreferentin hat einmal versucht, mit Hilfe von Sprechzeichnungen ihren Gesprächspartnern die Situation ins Bewußtsein zu bringen.
Bei einem Vortrag über die Problematik der modernen Kunst vor einem internationalen Publikum habe ich meine Worte mit Sprechzeichnungen unterbaut und die Zeichnungen in deutscher Sprache erläutert. Was ich sagte, wurde gleichzeitig ins Französische und Englische gedolmetscht. Aus der Reaktion der Hörer konnte ich jedoch erkennen, daß sie von der Zeichnung her längst begriffen hatten, bevor der Dolmetscher mit dem Übersetzen nachkam.
Eines Tages erhielt ich Besuch von vier Japanern, die Christen waren. Nur einer von ihnen sprach Deutsch. Ich zeichnete einen Bibeltext und sprach dazu. Der deutschsprechende Japaner übersetzte meine Worte, während ich zeichnete. An Hand der Sprechzeichnung konnten die Japaner das Mitgeteilte ohne weiteres verstehen.
Es kommt immer wieder vor, daß ich auf Reisen vor einem bilderreichen gotischen Portal stehe, dessen ikonologischen Aufbau ich gern eingehender untersucht hätte. Ich zeichne mir das Kompositionsschema ab und trage die verschiedenen ikonologischen Themen mit Sprechzeichnung in die Skizze ein. Das geht rascher und besser als Fotografieren. Ich kann gleich anschließend die Ikonologie analysieren.
Obwohl das Sprechzeichnen zunächst nur als Verständigungsmittel unter Erwachsenen gedacht war, lag es jedoch offensichtlich in der Sache begründet, daß sich sehr bald auch Pädagogen dafür interessierten. Da ich selbst keinen Unterricht erteile, muß ich hier vor allem auf die Erfah-

rungen von Professor Ernst Gerstenmaier, Professor H. W. Bartsch und Johanna Stahl hinweisen.

Wer dieses Buch genau durcharbeitet, wird feststellen, daß ich mich immer wieder auf die psychologischen Einsichten von Carl Gustav Jung berufe. Meine Erfahrung ist die, daß man über das Verhältnis vom Wort zum Bild kaum mehr sprechen kann, ohne zugleich die Erkenntnisse der modernen Psychologie heranzuziehen.

Heute wissen wir, daß es ein „Denken an sich" nicht gibt; denn jedes Denken geht von stillschweigend vorausgesetzten Vorstellungen aus, die in den meisten Fällen unbewußt sind. Diese Vorstellungen gehen vielfach auf Erlebnisvorgänge zurück, die als Bilder im Unterbewußtsein aufbewahrt sind oder gar aus dem Unbewußten kommen. Diese Bilder bestimmen das Denken.

Ehe ich das Vorwort beende, möchte ich noch einigen wichtigen Förderern des Sprechzeichnens danken, an erster Stelle dem Studienleiter der Evangelischen Akademie in Hessen und Nassau, Dr. Hans Kallenbach. Er war es, der mir immer wieder Gelegenheit gegeben hat, auf Tagungen und in Vorträgen das Sprechzeichnen weiterzugeben. Da die Tagungen anfänglich in dem Konfessionskundlichen Institut Bensheim stattfanden, wurde auch der dortige Hausherr, der verstorbene Kirchenpräsident Professor Dr. Wolfgang Sucker, mit dem Sprechzeichnen bekannt. Auch er hat es tatkräftig unterstützt und gefördert. Ich erfülle also eine selbstverständliche Pflicht, wenn ich diesen beiden Persönlichkeiten dieses Buch widme, ohne sie wäre das Sprechzeichnen in der Schublade geblieben.

Noch drei weitere Förderer des Sprechzeichnens muß ich hier nennen: Den ersten Schulreferenten der Evangelischen Kirche in Hessen und Nassau, Oberkirchenrat Ernst Wißmann, den Leiter des Predigerseminars in Friedberg, Professor Ernst Gerstenmaier, und den Propst für Südnassau, Ernst zur Nieden. Diese drei Herren haben sich unermüdlich dafür eingesetzt, daß das Sprechzeichnen vor allem in Hessen und Nassau bekannt geworden ist.

Auch den Geschwistern Dinkelacker in Stuttgart und der Pädagogin Johanna Stahl sei herzlicher Dank für ihre aktive Mitarbeit am Sprechzeichnen ausgesprochen.

Zusammenfassend wäre zu sagen, daß das Sprechzeichnen für viele der Weg gewesen ist, mit der Macht des Bildes bekannt zu werden. So schlägt das Sprechzeichnen eine Brücke vom Denken über das Vorstellen zum Verstehen. Es greift damit in die sehr aktuelle Problematik ein, die sich mit dem Wandel des Denkens in unseren Tagen beschäftigt. Es scheint eine Entwicklung eingesetzt zu haben, bei der zwei verschiedene Denksysteme einander gegenüberstehen. Das eine, bisher vielfach noch übliche, würde ich als „Begriffliches Denken" bezeichnen. Es scheint eine spezielle Denkform des Abendlandes zu sein. Ihr tritt immer mehr das gegenüber, was der Maler Paul Klee als „Bildnerisches Denken" bezeichnet hat, die Denkform, die vor allem den jungen außereuropäischen Völkern gemäß ist und die auch in der modernen Kunst ihre Heimat hat. So stehen letzten Endes Erkenntnisse der modernen Kunst hinter dem Sprechzeichnen, obwohl dieses selbst keinen Anspruch darauf erhebt, Kunst zu sein.

**Grundsätzliches zum Thema
„Wort und Bild"**

Lange habe ich gezögert, das von vielen Seiten gewünschte Buch über das Sprechzeichnen zu schreiben. Grund meines Zögerns war die Überzeugung, das Sprechzeichnen könne besser durch die Begegnung mit erfahrenen Sprechzeichnern gelernt werden als aus einem Buch. Trotzdem habe ich mich nun doch entschlossen, das Sprechzeichnen, seine Glyphen, seine bildsyntaktischen Regeln, seine ikonologischen Zusammenhänge und was sonst dazu gehört, einem Buch anzuvertrauen.
Seit über zwanzig Jahren wird das Sprechzeichnen nun schon praktiziert. Die Zahl der Sprechzeichner ist so groß geworden, daß es nicht mehr möglich ist, sie alle in bestimmten Zeitabschnitten zusammenzurufen. Dazu kommt, daß ich selbst aus verschiedenen Gründen nicht mehr in der Lage bin, solche Tagungen zu leiten und größere Reisen zu unternehmen, um im Sprechzeichnen zu unterrichten.
Ein Grund meines Zögerns war auch, daß ich fürchtete, künstlerisch Schwache oder fachlich ungenügend Ausgebildete könnten im Sprechzeichnen eine einfache und willkommene Methode sehen, um „christliche Kunst zu machen". Das wäre ein grobes Mißverständnis. Für eine künstlerische Arbeit kann das Sprechzeichnen lediglich eine brauchbare Bilddisposition liefern, es erbringt aber auf keinen Fall eine fertige künstlerische Komposition. Zur künstlerischen Arbeit gehört erheblich mehr als das, was mit einer Sprechzeichnung zu schaffen ist. Man darf sich auch nicht durch die Tatsache täuschen lassen, daß sich der Sprechzeichner im Unterricht manche gestalterischen Mittel aneignet, die jedem Kunststudenten in den ersten drei Semestern beigebracht werden. Aber ein Studium von drei Semestern reicht für die Beherrschung der künstlerischen Mittel bei weitem nicht aus. In dieser Zeit kommt man im allgemeinen über die Anfänge nicht hinaus.
Immer wieder werde ich von Pädagogen gefragt: „Für welche Altersstufe im Unterricht denken Sie sich das Sprechzeichnen?" Meine Antwort ist immer die gleiche: „Ich habe das Sprechzeichnen nicht als Mittel für katechetische Unterweisung von Kindern und Jugendlichen gedacht, sondern als ein Mittel der Verständigung unter Erwachsenen, vor allem dann, wenn sie verschiedene Sprachen sprechen oder gar verschiedene Denksysteme haben." Ich bitte, diese Tatsache zu beachten: Das Sprechzeichnen war von mir nicht für den Religionsunterricht gedacht, sondern als ökumenisches Mittel der Verständigung unter Erwachsenen.
Aus diesem Grund trifft mich auch der Einwand nicht, den die Kunsterzieher gegen das Sprechzeichnen vorbringen: ich störte damit und durch die Einführung der Bildformeln die eigenbildnerische Entwicklung des Kindes. Diesen Einwand muß ich an die Pädagogen weitergeben, da ja meine ursprüngliche Absicht beim Sprechzeichnen in ganz andere Richtung ging. Dennoch habe ich die erfahrenen Methodiker Oberkirchenrat Wißmann und Johanna Stahl gebeten, den Einwand der Kunsterzieher genau zu prüfen. Dabei wurde folgendes festgestellt:

Gehemmte Kinder sind durch die Bildformeln des Sprechzeichnens leichter dazu zu bewegen, sich zeichnend mitzuteilen.

Kinder erfahren aus einer Sprechzeichnung an der Wandtafel wesentlich leichter als nur durch Worte den Sachverhalt einer biblischen Stelle. Werden sie dann aufgefordert, selbst Bilder zu der durch die Sprechzeichnung mitgeteilten biblischen Stelle zu malen, gehen sie in ihrer Gestaltung und Bildmitteilung wesentlich weiter als die Sprechzeichnung und bedienen sich dabei ihrer eigenen, ihrem Alter entsprechenden Ausdrucksmittel. Es kommt dann allerdings immer wieder vor, daß die Zeichnung Bildelemente enthält, die von „außen" kommen und nicht der Altersstufe der Kinder gemäß sind. Meistens stammen sie aus Reklame- oder Witzzeichnungen. Der Vorwurf also, die Bildglyphen des Sprechzeichnens störten die zeichnerische Entwicklung des Kindes, trifft nicht; denn kein Kind lebt im luftleeren Raum. Es gibt für das heutige Kind noch viele andere Einflüsse, die seine Entwicklung stören können.

Mit der Herausgabe dieses Buches verfolge ich ein doppeltes Ziel. Einmal möchte ich denen, die das Sprechzeichnen schon seit Jahren praktizieren, eine Handreichung geben, welche es ihnen erleichtert, das Sprechzeichnen weiterzugeben. Außerdem möchte ich eine Grundlage für die weitere Entfaltung des Sprechzeichnens schaffen und zugleich verhindern, daß so manches für Sprechzeichnen gehalten, erklärt oder als solches abgelehnt wird, was damit nichts zu tun hat.

Wir stehen heute am Beginn einer umfassenden ökumenischen Bewegung. Menschen der verschiedensten Sprachen und Denksysteme fangen an, zusammenzukommen und ihre Erfahrungen, Meinungen und Vorstellungen auszutauschen. Dabei treten zwei Schwierigkeiten auf: die Verschiedenheit der Sprachen und die verschiedenen Arten des Denkens. So kennt z. B. nur das von der griechischen Antike herkommende Abendland das begriffliche Denken, das zur Abstraktion drängt. Viele andere Kulturen aber kennen das begriffliche Denken nicht. In diesem Fall kann das Bild als unmittelbare Mitteilung eine Brücke der Verständigung sein.

Sprechzeichnen geht von folgenden psychologischen Erkenntnissen aus:

Es gibt kein „Verstehen", ohne daß es beim Angesprochenen zu einer Vorstellung des Mitgeteilten kommt. „Nihil est in intellectu, quod non ante fuerit in sensu" (sensibus).

Gehört das Mitzuteilende der sichtbaren und erlebbaren Umwelt an (theologisch gesprochen der „Innerweltlichkeit"), so kommt die „Vorstellung" aus dieser Innerweltlichkeit. Wenn ich z. B. „Haus" sage, so werde ich ohne weiteres verstanden, weil fast bei jedem Menschen in seiner Innerweltlichkeit das „Haus" vorhanden ist. Hört er das Wort „Haus", so erinnert er sich an Häuser seiner Umwelt. Die zum Verstehen notwendige Vorstellung tritt ein, und er hat das Wortsignal „Haus" mit seiner Erlebniserfahrung „Haus" verbunden und verstanden. „Ich bin im Bilde", sagt er, wenn er verstanden hat. Dabei ist es für das Verstehen unwesentlich, welche individuelle Vorstellung „Haus" beim Angesprochenen signalisiert wird. Wesentlich ist, daß die Vorstellung „Haus" mit der Bezeichnung „Haus" in Verbindung tritt.

Das Wortsignal „Haus" kann er allerdings nur dann verstehen, wenn er die deutsche Sprache beherrscht, wenn er weiß, daß ein „Haus" mit „Haus" bezeichnet wird. Spricht er nicht Deutsch, sondern Französisch,

so versteht er das Wortsignal „Haus" nicht, denn er erwartet das Wortsignal „maison". Diesem kurzen Gedankengang ist zu entnehmen:
Wird jemand ewas mitgeteilt, so hat er erst dann verstanden, wenn bei ihm die adäquate Vorstellung auftritt.
Wird ihm etwas durch das Wort (verbum humanum) mitgeteilt, so kann er nur verstehen, wenn er die Sprache kennt, der das mitgeteilte Wort angehört. Kennt er diese Sprache nicht, so signalisiert bei ihm das Wort keine entsprechende Vorstellung, das bedeutet aber, daß er nicht verstanden hat.
Eine weitere Schwierigkeit tritt ein, wenn das Wort nicht mündlich, sondern schriftlich mitgeteilt wird. Dann kann man die schriftliche Mitteilung nur verstehen, wenn man die Schriftzeichen zu lesen versteht. Ist das aber nicht der Fall, dann signalisiert die Addition nicht bekannter Zeichen keine Mitteilung. Der Leser erhält keinen Anruf, folglich tritt bei ihm keine Vorstellung ein, er hat nicht verstanden.

Wesentlich anders ist es, wenn die Mitteilung gezeichnet wird, z. B.
Dabei ist es gut, wenn diese zeichnerische Mitteilung so knapp, d. h., so abstrakt wie möglich gemacht wird. Jeder, in dessen Umwelt es Häuser gibt, wird von dieser Be-Zeichnung her die Mitteilung „Haus" verstehen. Dabei ist es einerlei, ob der Zeichner ein Deutscher ist, der dazu „Haus" sagt, und der Angesprochene ein Franzose, für den das „maison" heißt. Beide können sich von der Zeichnung her unmittelbar verständigen, selbst wenn sie zwei verschiedene Sprachen sprechen.
Kommen zwei Menschen zusammen, die verschiedene Sprachen sprechen und diese in verschiedenen Schriftzeichen signalisieren, und keiner kennt die Sprache und die Zeichen des andern, so daß sie sich weder durch Sprechen noch schriftlich verständigen können, dann besteht doch die Möglichkeit, durch eine stark abstrahierte Be-Zeichnung die Verständigungsbrücke zwischen beiden zu schlagen.
Es wurde hier wiederholt der Ausdruck „Be-Zeichnung" benutzt und nicht das Wort „Bild". Das hat seinen Grund. Bei „Bild" denken wir heute sofort an das Abbild, an eine genaue, individuelle Wiedergabe eines Hauses im Bild, so, wie sie die Fotografie gibt. Die Wiedergabe eines Hauses in seiner Individualität würde jedoch die unmittelbare Verständigung erschweren, denn die unmittelbare Reaktion des Angesprochenen wäre: „Dieses Haus kenne ich nicht." Bei der Be-Zeichnung „Haus" aber würde er spontan ausrufen: „Ah, Haus!", denn er hat verstanden, während ihn die individualisierte und nicht abstrahierte Darstellung eines Hauses in seinem unmittelbaren Verstehen der Mitteilung hindert.
Wir müssen also unterscheiden lernen zwischen Abbild und Be-Zeichnung. Diese beiden Bildtypen (Aspekte) haben innerhalb der Bildmitteilung ganz verschiedene Aufgaben.
Das Abbild hat die Aufgabe, die äußere, individuelle Erscheinung z. B. einer Landschaft wiederzugeben. Ein Abbild kann man mit jedem Fotoapparat machen, wobei die Voraussetzung für ein Foto ist, daß der abzubildende Gegenstand tatsächlich vorhanden ist. Denn was nicht oder noch nicht da ist, kann man auch nicht fotografieren. Das Abbild, ob

fotografiert oder perspektivisch gezeichnet, begnügt sich mit der individuellen Wiedergabe einer vorhandenen Erscheinung.

Die Be-Zeichnung reicht in ihrer Mitteilung wesentlich weiter. Zwar kann man mit der Be-Zeichnung nur schwer genaue individuelle dokumentarische Mitteilungen machen, obwohl die Be-Zeichnung das auch kann. Man denke nur an die Arbeit eines Architekten: Er verwendet beim Entwurf eines Hauses beides, das Abbild und die Be-Zeichnung. Das Abbild, meist als sogenannte Perspektive, zeigt dem Bauherrn, wie das Haus aussehen wird. Die Be-Zeichnungen legt der Architekt den Handwerkern vor und teilt ihnen damit mit: So stelle ich mir das Haus vor. Wird dann die Be-Zeichnung mit Maßangaben verbunden, so kann der Maurer, Schlosser, Zimmermann ohne weiteres danach arbeiten.

Ich führe das Beispiel des Architekten nur an, um zu zeigen, daß die Unterscheidung zwischen Abbild und Be-Zeichnung nicht neu ist. Freilich ist die Aufgabe, die die Be-Zeichnung beim Architekten hat, nicht das Anliegen des Sprechzeichners. Für diesen hat die Be-Zeichnung wesentlich andere und viel weiter reichende Möglichkeiten.

Die Be-Zeichnung hat innerhalb des Sprechzeichnens nicht nur die Aufgabe, die Verständigung zwischen Menschen mit verschiedenen Sprachen, Denksystemen und Schriftzeichen schnell und unmittelbar herzustellen. Sie soll nicht nur mitteilen: „Hier steht ein Mensch", sondern darüber hinaus: „Dieser Mensch steht unter der Gnade Gottes." Sie soll also eine Mitteilung machen, die man durch ein Foto nicht geben kann, denn weder Gott noch seine Gnade sind fotografierbar. Es bleibt hier keine andere Möglichkeit, als vereinbarte und lesbare Zeichen einzufügen, die dem Leser des Bildes unmittelbar mitteilen: „Ein Mensch steht in der Gnade Gottes."

Es gilt also beim Wort „Bild" zwei wichtige Aspekte zu unterscheiden: Bild als Abbild und Bild als Be-Zeichnung. Den Unterschied erkennt man erstens an der Verschiedenartigkeit der zu machenden Mitteilung. Das Abbild teilt äußere, individuelle Erscheinungen mit. Die Be-Zeichnung entindividualisiert und typisiert die Erscheinung und kann darüber hinaus auch „innere" Vorgänge und Zusammenhänge mitteilen.

Zweitens erkennt man den Unterschied an den verschiedenen darstellerischen Mitteln. Das Abbild hat zum Ziel, mit Hilfe der Perspektive Räumliches mitzuteilen. Das be-zeichnende Bild bedient sich dagegen der Grundriß-Aufriß-Darstellung und der Isometrie sowie der Abstraktion. Das sind alles bildnerische Mittel, die dem Sprechzeichner bekannt sind. Daraus ist zu folgern, daß es sich beim Sprechzeichnen um eine Be-Zeichnung handelt, in der auch Realitäten mitgeteilt werden, die nicht fotografierbar sind. Dies dürfte wohl der eigentliche Grund sein, weshalb die Perspektive in der Sprechzeichnung keine Verwendung findet.

Da das Sprechzeichnen von den oben erwähnten psychologischen Einsichten ausgeht, ist es folgerichtig, den Versuch zu machen, unsere sichtbare und erlebbare Umwelt und die für das Verhältnis von Mensch zu Mensch oder von Mensch zu Gott notwendigen Beziehungen in unmittelbar anschaulichen Zeichen mitzuteilen. Die im Sprechzeichnen verwendeten Zeichen nennen wir – wie bereits geschehen – „Glyphen" (Hiero-Glyphe = Heiliges Zeichen).

Die Glyphen Tafel 1–38

Das Sprechzeichen kennt folgende Gruppen von Glyphen, die man rasch erlernen kann, um sie dann als Bildmitteilung zu handhaben:

I: Der Mensch (Tafel 1–14)
II: Das Tier (Tafel 15, 16)
III: Pflanzen (Tafel 17–19)
IV: Geographisches (Tafel 20)
V: Atmosphärisches (Tafel 21)
VI: Räumliches (Tafel 22)
VII: Symbolisches (Tafel 34–38)

Mit diesen Glyphen kann unsere gesamte sichtbare und erlebbare Welt bezeichnet werden.

Wer die Tafeln flüchtig durchsieht, dem fällt auf, daß Glyphen des heutigen Lebens wie Auto, Flugzeug, Maschine, Fabrik usw. (wie sie in jeder Kinderzeichnung vorkommen) fehlen. Das kommt daher, daß das Sprechzeichen zunächst zur Verständigung über einen biblischen Text gedacht war, bei dem die Kultur und Zivilisation der Bibel zugrunde lagen. Daher sind alle Glyphen unserer heutigen Umwelt weggelassen. Es ist jedoch ohne weiteres möglich, auch dafür Glyphen zu finden.

Genauso, wie bei der Mitteilung durch das gesprochene oder geschriebene Wort die Bezeichnung einer Sache allein nicht genügt, sondern in einen bestimmten Sinnzusammenhang gestellt werden muß, was durch Sätze geschieht, wie z. B. „Menschen stehen um ein Haus herum", ist es notwendig, daß die Glyphen entsprechend zu Mitteilungsbildern zusammengestellt werden.

Zu jeder Sprachmitteilung, einerlei, ob gesprochen oder geschrieben, gehört eine bestimmte Syntax mit der dazugehörigen Grammatik. Das gleiche ist bei der Mitteilung durch das Bild der Fall. Auch hier spricht man von einer Bild-Syntax und einer Bild-Grammatik. Schon im ersten Teil der Tafeln sind einige Bildzeichen zu syntaktischen Gruppenbildern zusammengestellt, so daß die mitgeteilte Glyphe in einem bestimmten Sinnzusammenhang zu reden beginnt.

Da Bildmitteilungen im allgemeinen auf dem Papier oder auf einer Wandtafel, also auf einer zweidimensionalen Fläche gemacht werden, das im Bild Mitzuteilende sich aber in einem dreidimensionalen Raum, einem Zimmer, einer Landschaft usw. abspielt, bedarf es der Kenntnis, wie man dreidimensionale Erscheinungen in die zweidimensionale Fläche übertragen kann. Es geht also auch für das Sprechzeichen um das mathematische Problem der Transformation des Raumes in die Fläche. Hierbei berührt sich das Problem der Bildlesbarkeit mit dem der mathematisch-geometrischen Darstellbarkeit. Dazu gibt es, mathematisch gesprochen, folgende Möglichkeiten:

Tafel 22–29 **Die Grundriß-Aufriß-Darstellung**
(Vergleiche auch die Glyphen VI: Räumliches)

Diese Art der Übersetzung des Raumes in die Fläche ist mathematisch-geometrisch die einfachste. Das Darzustellende wird, je nachdem, im Grundriß oder im Aufriß oder in einer Verbindung von beiden als Raumding in die Fläche übertragen.
Merkwürdig ist, daß diese mathematisch-geometrisch einfachste Darstellungsart auch in der Geschichte der bildenden Kunst am Anfang aller Kulturen steht. In der Malerei der Assyrer, Babylonier, Ägypter und Griechen wird diese Darstellungsart verwendet. Auch das Kind bedient sich bis etwa zum sechsten Lebensjahr ausschließlich dieser Darstellungsweise.
Damit wäre gewissermaßen der historische und entwicklungspsychologische Beweis erbracht, daß das be-zeichnende Bild entwicklungsgeschichtlich vor dem Abbild steht. Das eigentliche Anliegen des Bildes war also ursprünglich nicht das abbildende Wiedergeben einer sichtbaren Erscheinung, sondern die be-zeichnende Mitteilung von dieser Erscheinung. Das ist um so erstaunlicher, als man eigentlich denken sollte, eine solche Transformation vom Raum in die Fläche setze eine hoch entwickelte Intelligenz voraus und müsse darum am Ende einer Entwicklung stehen. Dem ist aber nicht so, vielmehr steht das be-zeichnende Bild sowohl in der Kulturgeschichte als auch in der menschlichen Entwicklung am Anfang. Das ist also eine wichtige Erkenntnis: Das Zeichen kommt vor dem Abbild.

Tafel 30, 31 **Isometrie**

Eine weitere Mitteilungsmöglichkeit im Bild ist die Isometrie. Sie wird auch Parallelperspektive genannt, aber diese Bezeichnung ist falsch. Denn bei der Isometrie ist das Wesentliche der Perspektive, nämlich die Bezogenheit auf den Betrachter, nicht vorhanden.
Die Grundriß-Aufriß-Darstellung bleibt in der Fläche. Irgendeine Raummitteilung wird durch dieses Bildmittel nicht gemacht. Bei der Isometrie ist das anders. Hier wird der Versuch einer räumlichen, dreidimensionalen Mitteilung in der Fläche gemacht. Das Bildgesetz dabei ist folgendes: Alles, was im Raum in die Tiefe, in die dritte Dimension geht, geht bei der Isometrie in die Schräge. Dabei ist es für die Bildmitteilung einerlei, welchen Winkel zur Senkrechten oder Waagerechten die Schräge hat. Entscheidend ist, daß alle schrägen Linien parallel laufen und nicht, wie in der Perspektive, auf einen Punkt (Fluchtpunkt) zu.
Mathematisch-geometrisch steht die Isometrie an zweiter Stelle nach der Grundriß-Aufriß-Darstellung. Auch kulturgeschichtlich tritt sie später auf. In der abendländischen Kunst wird sie bis etwa 1200 benutzt. Die Asiaten, Inder, Chinesen, Japaner bedienen sich ihrer heute noch. Beim Kind tritt die Isometrie etwa vom siebten Lebensjahr an auf.
Bei unserer Überlegung zu den zwei Bildtypen Abbildung und Be-Zeichnung ist die Isometrie wohl der erste Versuch, aus der Be-Zeichnung ein Abbild der mitgeteilten Erscheinung zu machen. Das endgültige Mittel, das Abbild einer Erscheinung mitzuteilen, ist die Perspektive. Sie sei

in unserem Zusammenhang als wichtiges Bildproblem erwähnt. Für das Sprechzeichnen kommt sie, wie oben bereits gesagt, nicht in Frage.

Perspektive Tafel 32

Während bei der Grundriß-Aufriß-Darstellung und der Isometrie sofort mit dem im Bild mitzuteilenden Objekt (Tisch) begonnen wird, beginnt man bei der perspektivischen Zeichnung damit, die Augenhöhe des Betrachters festzulegen. Nicht das sachlich Mitzuteilende ist wesentlich, sondern das Verhältnis des Mitteilenden zum Mitzuteilenden. Es handelt sich hier also nicht um eine objektive Mitteilung, sondern um eine Subjekt-Objekt-Beziehung.
Dabei könnte man an das heute viel diskutierte Subjekt-Objekt-Problem denken, bei dem heute allerdings die Meinung herrscht, es gebe gar keine rein objektive Betrachtungsweise, da das Subjekt immer in die Beobachtung mit einbezogen sei. Heisenberg hat gesagt: „Ich kann über die Materie nichts sagen, sondern nur etwas über mein Verhältnis zur Materie."

Kubistische Komposition Tafel 33

Die moderne Kunst hat eine Darstellungsart entwickelt, die auch schon die Buchmalerei und die griechisch-orthodoxe Ikonenmalerei gekannt haben. Ich nenne sie die „Kubistische Komposition". Für das Sprechzeichnen kommt sie nicht in Betracht.

Symbolwort – Symbolische Glyphen Tafel 34–38

Durch das Sprechzeichnen können wir ohne weiteres alle „äußeren", in der sichtbaren Welt geschehenen Vorgänge mitteilen. Wie ist es aber mit den sogenannten inneren Vorgängen? Ich denke dabei z. B. an das Verhältnis eines Menschen zu Gott.
Die Bibel spricht ganz selbstverständlich von Gott, vom Himmel, von den Engeln. Es gibt heute Menschen, sogar Theologen, die sagen, es habe keinen Sinn mehr, von Gott, vom Himmel und von den Engeln zu reden, denn all dies gebe es ja „in Wirklichkeit" gar nicht. Wer so spricht, der meint mit Wirklichkeit nur die äußere, sichtbare, meß- und wägbare Erscheinungswelt.
Kein Zweifel: hier liegt ein ganz bestimmter Wirklichkeitsbegriff vor, der auf die Mitteilung der Bibel von Gott, Himmel und den Engeln gar nicht zutrifft. Wer sagt: „Gott gibt es in Wirklichkeit nicht", der merkt gar nicht mehr, daß Gott, Himmel, Engel symbolische Mitteilungen sind. Unter symbolischer Mitteilung versteht man ein Wort, einen Begriff, der auf eine Realität hinweist, über die wir nicht verfügen. Im Symbol wird auf eine nicht verfügbare Realität hingewiesen.
Beim Symbol muß man unterscheiden: einmal den Symbolträger – das kann ein Wort sein oder genauso gut ein Zeichen, eine Handlung, ein

Gleichnis. Zum andern das Symbolisierte – das im Symbol Symbolisierte ist genau das, was das Symbol-Wort uneigentlich meint.

Wie ist das zu verstehen? Von Symbol im heutigen Verständnis reden wir dann, wenn das im Symbol Mitgeteilte unbekannt, nicht verfügbar ist. Im Symbol wird eine nicht verfügbare Realität be-zeichnet, nicht aber abgebildet.

Man hört heute immer wieder, man könne vom Himmel nicht mehr sagen, er sei „oben". Genausowenig könne man von Gott als dem „Vater im Himmel" reden, denn das stimme ja gar nicht. Wer so spricht, gibt zu erkennen, daß er Gott, Himmel und Engel als Symbolworte nicht mehr versteht. Symbolworte bezeichnen eine nicht verfügbare Realität, sie können nicht in Zusammenhang mit unserem Wirklichkeitsdenken gebracht werden.

Wer sagt, „Oben im Himmel" stimme nicht, für den ist „Oben im Himmel" die Mitteilung einer raum-zeitlichen Dimension, die nachgewiesen werden kann. Natürlich stimmt so gesehen „Oben im Himmel" nicht, aber eine solche Mitteilung der raum-zeitlichen Dimension meint das Symbolwort gar nicht, wenn es von „Oben im Himmel" als dem Aufenthalt Gottes spricht. Es symbolisiert vielmehr eine Realität, über die wir als Menchen nicht verfügen und die sich unserer Vorstellung entzieht. Es wäre töricht, deshalb zu sagen: „Diese Realität gibt es nicht, weil ich als Mensch nicht darüber verfüge."

Es ist also auch heute noch durchaus möglich, legal von „Oben im Himmel" zu sprechen, allerdings nur dann, wenn dabei keine raumzeitliche und damit verfügbare Dimension vorgestellt wird, sondern wenn der Hörer sich immer bewußt ist, daß damit eine dem Menschen nicht verfügbare Dimension oder Qualität bezeichnet ist.

Wer die theologische Diskussion genau verfolgt, wird feststellen, daß die eigentliche Schwierigkeit dabei nicht das Mitgeteilte als solches bildet, sondern die Vorstellung, die man normalerweise mit der Mitteilung verbindet, wenn diese kein Symbolwort ist.

So teilt die allgemeine Mitteilung „Oben im Himmel" zunächst eine raum-zeitliche Dimension mit.

Die Symbolmitteilung „Oben im Himmel" hingegen be-zeichnet die Weltüberlegenheit Gottes, wobei Gott wiederum ein Symbolwort ist.

Natürlich liegt die Versuchung nahe, diese beiden gleichlautenden Mitteilungen in der Verstehens-Vorstellung miteinander zu verbinden. Die Folge davon ist, daß das Symbolwort nicht gehört wird. Hier sind wir bei einem der schwierigsten Probleme unserer Zeit: sie hat kein Ohr mehr für symbolische Mitteilungen.

Auf der einen Seite ist es rein psychologisch so, daß eine Wortmitteilung nicht verstanden wird, wenn beim Hörer oder Leser keine entsprechende Vorstellung hinzukommt. Stammt das Mitgeteilte aus unserer Umwelt, wird die Vorstellung von dieser Umwelt gespeist. Im Symbolwort aber werden Mitteilungen gemacht, die zwar ebenfalls aus unserer Umwelt stammen (oben im Himmel), die aber im Bezug auf diese Umwelt so eigentlich nicht gemeint sind. Symbolworte sind daher immer uneigentliche Mitteilungen, die das eigentlich Mitgeteilte gar nicht meinen, sondern etwas ganz anderes.

Es verbindet sich also bei einer uneigentlichen Mitteilung des Symbolwortes die eigentliche Vorstellung, die aus unserer Umwelt stammt, mit

der uneigentlichen Symbol-Bezeichnung. Es geht hier um das schwierige Problem des Mitteilens von nicht Vorstellbarem, dazu gehören alle Symbolworte. Dem modernen Wissenschaftler, dem Physiker, Mathematiker, Mediziner ist das Bezeichnen des „Nicht-Vorstellbaren" längst geläufig und kein Problem mehr, er benutzt ganz selbstverständlich seine Formeln, obwohl das in der Formel Mitgeteilte längst nicht mehr in grob-sinnlicher Weise vorstellbar ist. Seine Vorstellung von der Sache ist nicht die Sache selbst, sondern die dafür stehende Formel. Bei theologischen Mitteilungen zeigen sich merkwürdigerweise noch Schwierigkeiten, die es in den modernen Wissenschaften längst nicht mehr gibt. Die Ursache dürfte darin zu suchen sein, daß das theologische Denken sich allzu lange mit dem Abbild der Renaissance und des Barock verbunden hat. So hinkt heute die theologische Mitteilung hinter den entsprechenden wissenschaftlichen Mitteilungen her.
Die tiefere Ursache dafür ist wiederum, daß die biblische Symbolmitteilung sich vor allem im frühen und späten Mittelalter mit einem geographischen Weltbild verbunden hat, das annahm, die Erde sei eine Scheibe, über der sich die verschiedenen Himmelsbereiche rein raumzeitlich kausal aufbauten. Die Glaubensvorstellung verband sich mit einer nach heutiger Einsicht falschen Vorstellung des Weltbildes. Himmel und Himmelreich mit Thron Gottes, Reich der Engel usw. waren noch in der mittelalterlichen Vorstellung eine geographische Verlängerung der dritten Dimension, also nach oben. Das hat man geglaubt und für wahr gehalten. Das Symbolwort, das letzten Endes etwas ganz anderes meint, als es sagt, hat man gar nicht als Symbolwort gehört.
Es hat keinen Sinn, falsche Vorstellungen des Mittelalters für unsere heutigen Schwierigkeiten verantwortlich zu machen, vielmehr ist es besser, nach den Gründen zu suchen, die diese Vorstellungen verursacht haben. Wir werden dabei erstaunt feststellen, daß es der Archetypus „religiös" gewesen ist, der zu dieser Fehlvorstellung geführt hat. Ich erinnere mich an ein Gespräch mit einem Physiker, der sagte: „Wir wissen zwar heute, daß die Erde eine Kugel ist, die um die Sonne kreist, aber wir erleben diesen Vorgang nicht. Was wir als moderne Menschen auch heute noch nach wie vor erleben, ist, daß die Sonne am Morgen im Osten am Horizont aufgeht, ihren Weg am Himmel läuft und am Abend im Westen wieder hinter dem Horizont untergeht." Beide Meinungen, daß die Erde als Kugel um die Sonne kreist und daß die Sonne morgens auf- und abends untergeht, sind richtig, sagte der Physiker. Sie unterscheiden sich dadurch, daß es sich einmal um eine rein sachlich-wissenschaftliche Feststellung handelt, an der der Mensch mit seinem „Erleben" nicht beteiligt ist, während der Sonnenauf- und -untergang trotz wissenschaftlicher Einsicht auch heute noch so und nicht anders erlebt wird. Im ersten Fall geht es um eine physikalisch-naturwissenschaftliche Feststellung, die zwar gewußt, doch nicht erlebt wird, im zweiten um eine psychologische Feststellung, die so und nicht anders erlebt wird.
Es gibt heute unter den „Modernen" genug solche, die sagen: „Was gilt, sind ausschließlich die physikalisch nachweisbaren Fakten, alles andere ist Täuschung, Irrtum und damit Unsinn." Wer so spricht, macht es sich zu leicht, vor allem unterschätzt er die seelischen Kräfte, die für den Menschen weit wirksamer sind als physikalische Erkenntnisse. Das

Erlebnis eines Sonnenaufgangs beeindruckt uns tiefer als das Wissen, daß die Erde eine Kugel ist und um die Sonne kreist.

Jeder psychologisch Geschulte weiß, daß beim Erleben des Sonnenauf- und -untergangs der von C. G. Jung entdeckte Archetypus als seelische Energie wirksam ist. Seelische Energien wirken im Menschen, sie steuern sein Denken und Handeln, ohne das bewußte Denken passiert zu haben. Archetypen werden von Erlebnisvorgängen gesteuert, das Denken aber ist von diesen Erlebnisvorgängen abhängig.

Wenn wir also einen Sonnenaufgang erleben, so sind während dieses Erlebnisvorgangs Archetypen, d. h. seelische Energien wirksam. Es ist eine sehr wichtige Entdeckung von C. G. Jung, daß „religiös" ebenfalls ein Archetypus ist und daß demzufolge alles Religiöse mit seelischen Energien geladen ist, die auch den einleuchtendsten sachlichen Argumenten widerstehen.

Das sogenannte mittelalterliche Weltbild als Glaubensvorstellung ist deshalb auch im heutigen „modernen" Menschen so tief verwurzelt, weil es in seine seelischen Tiefen hinabreicht.

Für den antiken und den mittelalterlichen Menschen deckten sich die seelischen Erlebnisvorgänge mit den objektiven Beobachtungen. Er sah die Erde, auf der er stand, tatsächlich als Scheibe. Das Weltbild, das er an diese Beobachtung anknüpfend entwickelte, und die Glaubensvorstellung, die er damit verband, daß sich nämlich unter der Erde das Reich der Toten und über der Erde das Reich des Himmels befände, gehen weit über seine eigene Beobachtung hinaus. Die Glaubensvorstellung erweitert das objektive Weltbild.

Der Sprechzeichner muß diese Zusammenhänge kennen. Er muß wissen, daß es im Grunde aussichtslos ist, zu behaupten, es sei nur eine optische Täuschung, daß sich die Sonne um die Erde drehe. Aussichtslos deshalb, weil das Erleben des Sonnenlaufes den Menschen in seiner seelischen Tiefenschicht, ja sogar religiös trifft.

Ich habe das Beispiel von Sonne und Erde gewählt, weil sich hier das Gegenüber von wissenschaftlicher Erkenntnis und seelischem Erleben besonders deutlich zeigen läßt. Religiöses Erleben und der scheinbare Lauf der Sonne am Himmel gehören eng zusammen.

Tafel 34–38 Mit den Glyphen der Gruppe VII, Symbolisches, können wir nicht verfügbare Realitäten, die sich jeder Abbildbarkeit entziehen, „sichtbar" machen, indem wir das Mitzuteilende be-zeichnen.

Wir sind also in der Lage eines Wissenschaftlers, der eine Formel einsetzt für Realitäten, die sich der Vorstellbarkeit entziehen. Allerdings besteht zwischen dem Wissenschaftler und dem Sprechzeichner, der biblische Mitteilungen sichtbar machen soll, ein grundlegender Unterschied: Auch eine mathematische Formel oder ein Zeichen, das Nicht-Vorstellbares bezeichnet, verläßt die „Innerweltlichkeit" nicht. Das mathematische Zeichen ∞ = unendlich kommt bei der Parabel und der Hyperbel vor. Es besagt, daß beide im raumzeitlichen Bereich nie zu Ende gezeichnet werden können, wenn man auch bei der Hyperbel zwischen $+\infty$ und $-\infty$ unterscheidet und der Versuch gemacht wird, sich vorzustellen, daß sich „im Unendlichen" $+\infty$ und $-\infty$ berühren. Dieses mathematische Unendlich hat mit dem philosophischen Begriff des Jenseits oder gar mit dem biblischen Reich Gottes nichts zu tun.

Für den Mathematiker ist $\pm\infty$ zwar nicht mehr vorstellbar, doch im Sinne der Theologie sehr wohl noch verfügbar, denn der Mathematiker kann jederzeit mit der Zahl Unendlich rechnen. Das Sprechzeichnen dagegen bezeichnet mit seinem Himmelsbogen = Kraftfeld Gottes nicht nur Nicht-Vorstellbares, sondern etwas, das am Menschen zwar geschehen kann, über das er jedoch niemals verfügt.

Das mathematische Zeichen für ∞ und die Sprechzeichenglyphe für Himmelsbogen = Kraftfeld Gottes sind zwei radikal verschiedene Bezeichnungen. Das mathematische Unendlich verläßt, so paradox es klingt, die raum-zeitliche Kausalität, theologisch gesprochen die „Innerweltlichkeit", nicht.

Der Himmelsbogen hingegen bezeichnet das Kraftfeld Gottes, in das der Mensch hineingeraten kann, das er aber weder wollen noch beweisen kann, das er nur im Glauben anzunehmen oder abzulehnen vermag. Der Himmelsbogen ist das uneigentliche Sichtbarmachen der Gnade Gottes.

Es versteht sich von selbst, daß die Glyphe Himmelsbogen = Kraftfeld Gottes nicht für sich allein gezeigt werden kann. Da sie das Zeichen für das Handeln Gottes am Menschen ist, muß immer zugleich im Bilde mitgeteilt werden, an wem, durch wen oder wie Gott handelt.

Tafel 35

Wort – Bild

Alles, was im Wort mitgeteilt wird, einerlei, ob wir es lesen oder hören, ist Mitteilung, die zeitlich abläuft. Das Gesagte ist schon Vergangenheit, in der Gegenwart nicht mehr vorhanden. Was mir jetzt, in diesem Augenblick gesagt wird, ist Gegenwart, allerdings nur für diesen Augenblick, dann wird es ebenfalls Vergangenheit. Was mir noch gesagt werden soll, ist noch nicht Gegenwart, ist noch Zukunft.

Das Wort ist also eine vergängliche Mitteilung, die zeitlich sehr rasch abläuft. Zeitliches Nacheinander ist das Charakteristikum des Wortes.

Beim Betrachten eines Bildes ist es insofern ähnlich wie beim Lesen oder Hören des Wortes, als mehrere Figuren auf einem Bild zeitlich nacheinander angesehen, gleichsam gelesen werden. Der Unterschied zum Wort besteht darin, daß die bereits betrachtete Figur gegenwärtig bleibt, auch wenn man zur nächsten weitergeht. Wohl wandert das Auge des Betrachters im Bild von einer Figur zur andern, ähnlich wie beim Lesen eines Textes. Doch während ich beim Lesen oder Hören eines Textes an den zeitlichen Ablauf Vergangenheit-Gegenwart-Zukunft gebunden bin, kann sich beim Betrachten von Figuren im Bild die Reihenfolge ändern, so daß der Sinnzusammenhang verwirrt wird. Bei den Bildern a, b, c, d ist die Reihenfolge der Figuren I, II, III, IV. Man kann, wie auf der Tafel 39, Bild a, gezeigt wird, den zeitlichen Ablauf der Figuren nacheinander betrachten. Sieht man das Bild und seine einzelnen Figuren zunächst nur an, ohne darin eine bestimmte Mitteilung zu erkennen, so besteht durchaus die Möglichkeit, auf Bild b die Figuren in der Reihenfolge I, IV, III und II oder auf Bild c in der Reihenfolge I, III, II und IV und auf Bild d in der Reihenfolge IV, II, III und I zu bebetrachten.

Tafel 39

Tafel 40	Das Bild hat jedoch gegenüber dem Wort noch einen anderen Vorteil. Ich sitze z. B. mit jemandem vor einem Bild, auf dem vier Figuren, I, II, III, IV, dargestellt sind, und wir unterhalten uns über diese. Unser Interesse und damit unser Blick richten sich auf die Figur I. Dabei bleiben die Figuren II, III und IV dennoch im Bilde gegenwärtig, sie gehören nicht, wie Wörter, der Vergangenheit oder Zukunft an. Das Bild kennt keinen so unbedingten Zeitablauf wie der Wortbericht.
Tafel 41	Ist im Bild eine gleichwertige Reihung von Figuren dargestellt, so neigen wir dazu, zu sagen: „Das Natürliche ist, mit dem Lesen der Figuren oben links zu beginnen und von links oben nach rechts unten zu lesen." Das ist jedoch keineswegs „natürlich", sondern nur eine Gewohnheit oder genauer, Folge unserer Erziehung. Der Jude hat eine andere Lesegewohnheit, er beginnt rechts oben und liest nach links unten. Er wird es für „natürlich" halten, auch Bilder auf diese Art zu lesen. Wieder anders ist es beim Japaner und Chinesen. Er liest seine Schriftzeichen von oben nach unten, entsprechend betrachtet er auch Bilder.
Tafel 42	Allerdings kann die Lesegewohnheit nicht ohne weiteres von der Schrift aufs Bild übertragen werden. Wenn z. B. in der Bildmitte maßstäblich größer eine Hauptgruppe dargestellt ist, von Nebengruppen rechts und links, oben und unten eingerahmt, so wird jeder Betrachter, ob Abendländer, Jude oder Asiate, sicher zunächst die Hauptgruppe betrachten, einige Zeit bei ihr verweilen und dann erst die kleineren seitlichen Darstellungen ansehen. Bildmitteilungen, vor allem, wenn in ihnen Rangunterschiede oder Symbolvorgänge mitgeteilt sind, haben bestimmte Gestaltungsregeln. Davon soll im folgenden die Rede sein.

Oben – Unten

Tafel 43	Geht es beim Sprechzeichnen nur um eine innerweltliche Mitteilung, so ist Oben und Unten ohne besonderes Gewicht. Es zeigt lediglich die räumliche Beziehung des Dargestellten zueinander. Wird die Grundriß-Aufriß-Darstellung verwendet, so ist Oben gleichzusetzen mit Dahinter als rein räumliche Mitteilung.
Tafel 44	Geht es jedoch um eine qualitativ unterschiedliche Mitteilung, z. B. Kreuzigung und Himmelfahrt als Doppelbild, so ist es unrichtig, wenn die Kreuzigung im oberen, die Himmelfahrt im unteren Teil des Bildes steht. Denn die Himmelfahrt ist als Mitteilung mehr als die Kreuzigung. Diese weist nach unten, ins Grab, in die Unterwelt, in die Hölle; die Himmelfahrt weist nach oben, in den Himmel, das Reich Gottes. Es braucht eigentlich nicht erst gesagt zu werden, daß es sich bei derartigen Mitteilungen nicht um ein räumliches Oben und Unten handelt, das die innerweltliche Raumkausalität meint, sondern daß es bei den Bezeichnungen Oben und Unten um Qualitäten geht. Bei Diskussionen über gegenstandslose Kunst kann man immer wieder hören: „Seit wir wissen, daß die Erde eine Kugel ist und mit unwahrscheinlicher Geschwindigkeit durch das All fliegt, hat es keinen Sinn mehr, bei Bildern (gemeint sind gegenstandslose Bilder) von Oben und Unten zu reden. Aus diesem Grund ist das gegenstandslose Bild die

einzige unserer Zeit gemäße Bildgattung." Es ist hier nicht der Ort, auf das besondere Problem des gegenstandslosen Bildes einzugehen, nur soviel sei dazu gesagt: Der eigentliche Grund, weshalb beim gegenstandslosen Bild unter Umständen Oben gegen Unten vertauscht werden kann, ist der, daß gegenstandslose Formen keine Erinnerung an die Umwelt signalisieren und daher für den Betrachter indifferent und damit richtungslos sind. Die Vertauschbarkeit von Oben und Unten damit zu begründen, daß sich die Erde ständig dreht und durch das All fliegt, ist sachlich nicht richtig. Zwar stimmt das wissenschaftlich, aber der Mensch erlebt es nicht. Es wird niemandem einfallen zu sagen: „Jetzt ist es Nacht, jetzt hänge ich mit dem Kopf nach unten an der Erdkugel, folglich ist es richtig, wenn ich Bilder bei Nacht im Kopfstand betrachte."
Diese Überlegung zeigt, daß Oben und Unten auch heute noch, trotz der wissenschaftlichen Einsicht, ihre Gültigkeit haben, und zwar in zweierlei Hinsicht. Erstens: Raum-zeitlich ist auch bei Nacht für die unmittelbare Erfahrung des Menschen von heute wie für den Menschen vor hunderttausend Jahren der Sternhimmel oben und nicht unten. Zweitens: Auch im seelischen Erleben und im Zusammenhang damit in der religiösen Erfahrung hat auch für den „modernen" Menschen Oben und Unten nicht nur als raum-zeitliche Kategorie, sondern ebenso als seelische, geistige und geistliche Qualität Gültigkeit. Auch der Mensch von heute assoziiert nach wie vor: Oben = Himmel = Gutes = Göttliches; unten = Erde = Grab = Hölle = Tod = Böses. Weil das so ist, gibt es auch in der Bildmitteilung nicht nur die räumliche Richtung oben und unten, sondern auch die wertmäßige Unterscheidung: Oben = Himmel, Reich Gottes, unten = Unterwelt, Hölle.
Es hat also auch heute noch durchaus einen Sinn, etwa in der biblischen Unterweisung zu sagen, das Reich Gottes sei oben, und unten sei die Hölle. Diese Aussage ist allerdings nur dann berechtigt, wenn zugleich klargemacht wird, daß es sich dabei nicht um eine räumliche Vorstellung, sondern um eine geistliche Qualität handelt, um Realitäten, über die der Mensch nicht verfügt, die sich seiner Vorstellung entziehen.

Rechts und links

Beim Bildbetrachten erlebt man immer wieder, daß der Beschauer sein Rechts und Links auf das Bild überträgt und die Bildseiten entsprechend bezeichnet. Sind auf dem Bild keine Menschen dargestellt, so kann das hingenommen werden. Sobald jedoch im Bild Menschen dem Betrachter gegenüberstehen, leuchtet es sofort ein, daß das Bild kein Spiegel ist, sondern ein Gegenüber. Die Seitenbezeichnung rechts und links gilt dann nicht mehr vom Betrachter aus, sondern vom Bild aus, beim Betrachter ist links, wo beim Bild rechts ist, und umgekehrt. Beim Bild ist also der Betrachter gewissermaßen in der Lage eines Unteroffiziers, der vor einer Front Soldaten steht. Will er „rechts um" kommandieren, so darf er nicht von seiner rechten Seite ausgehen, sondern von der der Soldaten, die ihm gegenüberstehen. Besonders wichtig ist die Unterscheidung von rechts und links bei Bildern, die „be-zeichnen", denn beim Be-zeichnen handelt es sich um wertende Unterscheidungen. Die rechte Bildseite ist die bevorzugte Seite.

Tafel 45

Tafel 46	Soll unterschieden werden zwischen Gut und Böse im Sinne des Jüngsten Gerichtes – z. B. Christus Pantokrator scheidet die Seligen von den Verdammten –, so befinden sich die Seligen immer zur Rechten Christi und damit auf der rechten Bildseite. Der Höllenrachen dagen ist links.
Tafel 47	Wird dargestellt, wie Moses auf dem Sinai von Gott die Gesetzestafeln erhält, und außerdem, wie das Volk Israel um das „Goldene Kalb" tanzt, dann gehören die Hand Gottes mit Moses auf dem Berge und Moses im „Kraftfeld" Gottes auf die rechte, die „Gnadenseite", der Tanz ums Goldene Kalb aber auf die linke, die „Gerichtsseite".

Ist jedoch zu bezeichnen, daß der Pantokrator zur „Rechten Gottes" sitzt, dann ist die Hand Gottes als das Zeichen für Gott links vom Pantokrator, so daß Christus rechts von Gott Vater ist. Es erübrigt sich zu sagen, daß in diesem Fall links nicht gleichbedeutend ist mit Gericht; denn es soll lediglich das „zur Rechten Gottes" sichtbar gemacht werden.

Bei dem Bericht von Maria und Martha wird Maria von Jesus angenommen, während das Verhalten der Martha von ihm abgelehnt wird. Deshalb ist Maria rechts und Martha links von Christus.

Verformung (Maßstabveränderung)

Tafel 48   Seit der modernen Kunst kennen wir den Begriff der „Verformung" wieder. Ich sage absichtlich „wieder"; denn alle „be-zeichnende" Kunst, die Buchmaler, die griechisch-orthodoxen Ikonenmaler, kannten die Verformung vor allem durch zu kleine Hände und Füße und zu kleinen Kopf. Der Unterschied zwischen der Kunst von heute und der von früher ist hauptsächlich der, daß heute die Verformung vielfach aus rein formal-ästhetischen, vielleicht auch aus formal-expressiven Gründen angewandt wird, während sie früher ausschließlich dazu diente, das Mitgeteilte besser und deutlicher zu be-zeichnen.

Sehr häufig war früher die Verformung der menschlichen Proportion. Der normale Mensch hat eine Körperlänge, die sieben bis acht Kopflängen entspricht. Die frühere christliche Bildhauerei und Malerei kennt Verformungen, die den Menschen überschlank darstellen, mit zehn bis zwölf und mehr Kopflängen (z. B. in Chartres).

Für den Sprechzeichner ist diese proportionale Verformung ohne Bedeutung; denn beim Sprechzeichnen achten wir nicht auf das Verhältnis vom Kopf zur Körperlänge. Dennoch sei jedem Sprechzeichner geraten, die Figuren der Buchmalerei und vor allem auf griechisch-orthodoxen Ikonen auf die Proportionsverformung hin zu prüfen. Beim Betrachten solcher Gestalten erkennt man ganz unmittelbar, wie hier nicht Menschen in ihrer „natürlichen" Erscheinung abgebildet sind, sondern daß sie „be-zeichnend" in einem geistigen und geistlichen Vorgang sichtbar gemacht wurden. Die Verformung der Körperproportion hat also den Sinn, die Dargestellten aus ihrer natürlichen und historischen Atmosphäre herauszunehmen, um den geistig-geistlichen Vorgang erkennen zu lassen.

Für den Sprechzeichner wichtig ist die Verformung von einzelnen Körperteilen, etwa Armen und Händen. Als Beispiel nenne ich Johannes den Täufer vom Isenheimer Altar des Mathias Grünewald mit dem fünfmal zu langen Zeigefinger. Ferner folgende Beispiele:

König David hat gesündigt (2. Sam. 12). Er wird auf Weisung Gottes durch den Propheten Nathan zur Buße gerufen. Wir lesen im Text die Stelle, wo Nathan dem König sagt: „Du bist der Mann!" Um dieses „Du bist es" unmittelbar anschaulich zu bezeichnen, verformen wir den Arm des Nathan und machen ihn um vieles länger als „normal".
Ein anderes Beispiel (Luk. 15): Der verlorene Sohn erkennt seine Lage und das Schuldhafte seines Tuns. Er spricht: „Ich will mich aufmachen und zu meinem Vater gehen." Verformen wir die ausgereckte Hand ins Übermäßige und zeigen wir, daß er diese Hand nach seinem Vater ausstreckt, dann können wir seine Worte ganz unmittelbar verdeutlichen.

Groß – klein

Wenn wir perspektivisch, also abbildend darstellen, so ist das, was nah ist, groß, und das, was entfernt ist, klein. Es handelt sich um einen quantitativen Größenunterschied. Die be-zeichnende Darstellung kennt das Mitteilen räumlicher Entfernungen ebenfalls, obwohl sie keine perspektivischen Gestaltungsmittel verwendet. Auch bei der Grundriß-Aufriß-Darstellung kann der Sprechzeichner räumliche Entfernungen wie „nahe" (Vordergrund) und „weit entfernt" (Hintergrund) mitteilen. Auch bei dem bezeichnenden Bild gilt dann groß = nahe (Vordergrund) und klein = weit entfernt (Hintergrund). Da die Grundriß-Aufriß-Darstellung jedoch keinen Raum mit perspektivischen Mitteln vortäuscht, gilt die Regel: Was unten im Bild ist, ist groß, weil nahe (Vordergrund), was oben ist, ist klein und entfernt (Hintergrund). Tafel 49
Die Grundriß-Aufriß-Darstellung kann jedoch mit ihren Mitteln noch wesentlich mehr bezeichnen als die Perspektive. Wir sprechen dann von qualitativer Bezeichnung. Dabei gilt die Regel: Was maßstäblich groß ist, ist bedeutend, was kleiner ist, ist nicht so bedeutend. Man kann also an der Größe der bezeichneten Figuren ihre geistige Bedeutung ablesen. Tafel 50
Die Grundriß-Aufriß-Darstellung kennt noch eine weitere Art der Maßstabsveränderung, z. B.: Am unteren Bildrand sitzt großformatig der verlorene Sohn mit den Schweinen und denkt über sein Schicksal nach. Am oberen Bildrand, und zwar rechts, ist ein Tisch, an dem eine größere Figur mit mehreren kleineren sitzt. Die Szene bedeutet: Der verlorene Sohn denkt an sein Vaterhaus, das weit weg ist, in welchem es den Knechten (kleinere Figuren am Tisch) gut geht, während er hier vor Hunger umkommt. Es handelt sich also zunächst um ein quantitatives Bezeichnen der großen räumlichen Entfernung. Aber das Bild zeigt mehr: Der verlorene Sohn mit den Schweinen befindet sich auf der linken Seite, während der Vater mit den Knechten auf der rechten Seite des Bildes ist. Wird noch die Glyphe für das Kraftfeld Gottes beim Vaterhaus, die für das Kraftfeld des Todes und des Gerichts beim Sohn mit den Schweinen hinzugefügt, so ist der qualitative Unterschied zwischen der Situation des Sohnes und der des Vaterhauses unmittelbar mitgeteilt. Das Vaterhaus ist nicht nur räumlich, also quantitativ, vom Ort des Sohnes weit weg. Die beiden Orte, der des Sohnes und der des Vaters, haben auch zwei ganz verschiedene wertmäßige Dimensionen.

Das Übersetzen vom Wort ins Bild

Hat man die Aufgabe, eine literarische Mitteilung ins Bild zu übertragen, einerlei, ob es sich um einen historischen Bericht, eine wissenschaftliche Mitteilung, um Mythen, Märchen oder die Bibel handelt, dann sind bestimmte Methoden der Übersetzung zu beachten.

Zunächst muß nochmals auf den grundlegenden Unterschied zwischen einer Mitteilung in Worten und einer solchen in Bildern hingewiesen werden. Eine Mitteilung in Worten läuft ab, sie ist ein Element der Zeit, ihr Wesen ein zeitliches Nacheinander. Mitteilungen im Bild haben ein räumliches bzw. flächiges Hinter- bzw. Nebeneinander, das Bild ist ein Element des Raumes bzw. der Fläche. Der Unterschied gilt allerdings nur bedingt; denn auch Bilder verlangen unter bestimmten Voraussetzungen ein zeitliches Nacheinander des Lesens. Eine illustrierte Zeitung, einen Bildband blättert man Seite für Seite durch, das Bildbetrachten ist also auch hier ein zeitliches Nacheinander.

Die vierzehn Kreuzwegstationen der römisch-katholischen Kirche schreitet man bei einer Prozession Station für Station ab. Es ist durchaus möglich, daß für eine Mitteilung in Worten zehn und mehr Sätze notwendig sind, während sie unter Umständen in einem einzigen Bild ausgedrückt werden kann. Diese Einsicht ist wichtig für die erste Übersetzungsmethode.

Das Reihenbild in einer Bilderreihe

Beim Übersetzen eines Textes ins Bild geht man davon aus, daß das zeitliche Nacheinander beim Wort in räumliches Hintereinander beim Bild übertragen werden muß. Man liest einen Text und stellt fest, wo eine Mitteilung so abgeschlossen ist, daß sie in ein Bild übertragen werden kann. Dann liest man weiter bis zum Ende der nächsten Mitteilung, die man wiederum ins Bild überträgt. So löst man den Text in mehrere Bilder auf. Reiht man diese aneinander, so kann man aus ihnen den Text sichtbar machen. In diesem Fall sprechen wir von einer Bilderreihe, die aus mehreren Reihenbildern besteht. Dies ist die erste und einfachste Methode, vom Wort ins Bild zu übersetzen. Es ist ratsam, bei jedem Text damit zu beginnen, daß man ihn in Reihenbilder zerlegt. Außerdem empfiehlt es sich, daß der Sprechzeichner sich von einem guten Exegeten auf die Intention und den Schwerpunkt des Textes aufmerksam machen läßt, bevor er mit dem Zeichnen beginnt.

Tafel 51 — Als Angehörige einer abendländischen Kultur sind wir gewohnt, von links nach rechts und die Reihe darunter wieder von links nach rechts zu lesen. Bei Reihenbildern sind wir an diese Leseweise nicht gebunden. Es gibt vielmehr folgende andere Möglichkeiten:

Erstens: Jedes Reihenbild füllt eine ganze Seite, so daß man wie bei einem Buch von Bild zu Bild umblättern muß.

Tafel 53 — Zweitens: Die einzelnen Reihenbilder hängen an einer Wand, und der Betrachter schreitet Bild für Bild die Wand ab. Auch hier wird er so an der Wand entlanggehen, wie er gewohnt ist, Schriften zu lesen, nämlich von links nach rechts. Das gilt jedoch nicht, wenn die Bilderreihe einer bestimmten Raumordnung unterliegt, wie sie zum Beispiel in einer Kirche von der raum-liturgischen Ordnung her gegeben ist.

Drittens: Sämtliche Bilder einer Reihe sind auf einem Blatt, einer Wand, in einem Glasfenster, auf einer Tür usw. als zusammenhängendes Ganzes einander zugeordnet. Diese inhaltliche Zuordnung bestimmt dann weitgehend die Stellung der Bilder. Wenn wir auch zunächst dazu neigen werden, die Bilder von links nach rechts und von oben nach unten zu betrachten, so werden wir doch bald erkennen, daß es noch eine ganze Anzahl anderer Möglichkeiten gibt, Bilderreihen zu lesen. Die Tafel 52 zeigt verschiedene Möglichkeiten. Diese Anordnungen einer Bilderreihe müssen ihren Grund im sachlichen Inhalt des jeweiligen Bildes und in seinem Verhältnis zum vorhergehenden oder nachfolgenden Bild haben. Ein Beispiel:

Tafel 52

In einer Bilderreihe soll das Leben Jesu mitgeteilt werden. a) Verkündigung an Maria, b) Geburt Jesu, c) Darstellung im Tempel, d) Der Zwölfjährige im Tempel, e) Jesus predigt, f) Wundertaten Jesu, g) Das Abendmahl, h) Gethsemane, i) Gefangennahme Jesu, k) Jesus vor Pilatus, l) Kreuzigung Jesu, m) Grablegung, n) Ostermorgen, o) Der Auferstandene und Maria Magdalena, p) Himmelfahrt.

Würden wir diese Bilderreihe so anordnen, wie wir es vom Schreiben her gewohnt sind, also von links oben nach rechts unten, dann wäre die Geburt Jesu oben und die Himmelfahrt unten. Diese Anordnung wäre vom Bild her unrichtig. Wir erinnern uns, was von Oben und Unten und von Rechts und Links als wertender Bildaussage gesagt wurde. Aus diesem Beispiel kann eine wichtige Regel abgeleitet werden:

Geht eine Bilderreihe auf einen Höhepunkt zu, dann muß dieser oben sein. Ändern wir also die Bilderreihe wie folgt:

```
l   m   n   o   p
f   g   h   i   k
a   b   c   d   e
```

Dann steht zwar die Geburt (a) unten und die Himmelfahrt Jesu (p) oben, aber die Himmelfahrt steht auf der linken, der Gerichtsseite. Wir müssen die Reihenfolge nochmals ändern und zwar so:

Tafel 54

```
p   o   n   m   l
k   i   h   g   f
e   d   c   b   a
```

Jetzt steht die Himmelfahrt Jesu auf der rechten Bildseite. An diesem Beispiel kann auch noch etwas anderes gezeigt werden:

Es besteht bei einer Bilderreihe die Möglichkeit, daß die einzelnen Bilder verschiedenes inhaltliches Gewicht haben. Das läßt sich dadurch mitteilen, daß die bedeutenderen Bilder größer gezeichnet werden als die übrigen. In unserem Beispiel vom Leben Jesu könnten folgende Bilder größere Bedeutung haben (große Buchstaben):

```
P   o   N   m   L
k   i   h   G   f
e   d   c   B   a
```

Tafel 55

Wer eine derart betonte Bilderreihe ansieht, dem fallen die größeren Bildfelder ins Auge, er wird sie zuerst anschauen und sie miteinander in Verbindung bringen, ehe er die kleineren Bilder betrachtet. Eine solche

Maßstabveränderung innerhalb einer Bilderreihe ist bereits eine Interpretation des Textes. Denn an den Bildern, die größer gezeichnet und damit hervorgehoben wurden, kann der Betrachter ablesen, was dem Be-zeichner wichtig erschien. In unserm Beispiel sind herausgehoben: Geburt Jesu (B), Abendmahl (G), Kreuzigung (L), Ostermorgen (N) und Himmelfahrt (P).
Der Zeichner will damit sagen: Wichtig ist mir der Heilsweg Jesu Christi von der Geburt bis zur Himmelfahrt. Es wäre aber auch noch eine andere Heraushebung denkbar:

Tafel 56
```
p   o   n   m   l
k   i   h   g   F
E   d   c   b   a
```

Wären Bild E und F größer gezeichnet, so bedeutete das, daß dem Zeichner wichtig ist: Jesus heilt (E) und Jesus verkündigt (F). Es wird empfohlen, Reihenbilder auf Kirchentüren, in Deckenmalereien, Glasfenstern usw. auf Leserichtung und Bildbetonung hin zu prüfen. Denn diese Anordnung ist nicht willkürlich. Sie hat einen textinterpretierenden Sinn, hinter ihr steht eine bestimmte Theologie.

Tafel 59 **Mehr-Szenen-Bild**

Sein Name sagt schon, worum es sich handelt. Im Mehr-Szenen-Bild kommen die einzelnen Personen mehrmals vor. Ein Beispiel, das uns in der Buch- und Ikonenmalerei öfters begegnet, ist der biblische Bericht vom „Sturm auf dem Meer". Er enthält zwei Mitteilungen, die man auch in zwei Reihenbildern darstellen könnte. Erstes Bild: Sturm auf dem Meer, Jesus schläft im Boot. Zweites Bild: Jesus befiehlt dem Sturm. Der Vorgang ist im biblischen Bericht so stark verdichtet, daß die Bildmitteilung diese Dichte verlöre, wenn man ihn in zwei Bilder auflöste. Hier ist das Mehr-Szenen-Bild überzeugender. Die Malerei des 10. bis 12. Jahrhunderts kennt eine ganze Anzahl von Beispielen, in denen das Mehr-Szenen Bild angewandt ist. Ein Vorläufer ist das Doppelbild. Es ist überall dort anzuwenden, wo eine einzige Szene nicht ausreicht, wo das erste Bild seinen Mitteilungswert erst durch das zweite erhält.
Eine reichere Form des Mehr-Szenen-Bildes ist das

Panorama-Bild

Tafel 60 Das Panorama-Bild ist allgemein bekannt von Darstellungen, die den Lebensweg eines Heiligen zeigen. Im Panorama-Bild läuft meist ein Weg durch die Landschaft, es ist der Lebensweg von Jesus Christus, von König Saul, des verlorenen Sohnes usw. Er führt von einer Szene zur andern, und in den verschiedenen Szenen kommen die Hauptpersonen immer
Tafel 61 wieder vor. Der Lebensweg des verlorenen Sohnes verläßt oben rechts das Vaterhaus, läuft auf der rechten Seite abwärts und erreicht unten in der Mitte seinen Tiefpunkt, er geht dann links aufwärts, um wieder im Vaterhaus zu enden. Solche Panorama-Bilder sind vor allem didaktisch sehr wirkungsvoll, weil sie den Lebensweg unmittelbar sichtbar machen.

Der fruchtbare Augenblick

Lessing hat sich in seiner Abhandlung über Laokoon eingehend mit dem Verhältnis von Wortgemälde und Bild beschäftigt. Obwohl es uns heute kaum noch möglich ist, den „Laokoon" zu lesen und zu verstehen, so radikal hat sich das Verhältnis zur Kunst geändert, sind doch zweifellos bei Lessing Gedanken enhalten, die auch heute noch grundlegende Gültigkeit haben, wenn wir sie auch eher der Psychologie als der Kunstbetrachtung zuordnen würden. So gilt zum Beispiel das, was Lessing zum Thema des „fruchtbaren Augenblicks" sagt, auch heute noch unverändert. Er schreibt im Kapitel III des „Laokoon": „Dasjenige aber nur ist allein fruchtbar, was der Einbildungskraft freies Spiel läßt; je mehr wir sehen, desto mehr müssen wir hinzudenken können; je mehr wir hinzudenken, desto mehr müssen wir zu sehen glauben. In dem ganzen Verfolge eines Affektes ist aber kein Augenblick, der diesen Vorteil weniger hat als die höchste Staffel desselben, über ihr ist weiter nichts, und dem Auge das Äußerste zeigen, heißt der Phantasie die Flügel binden und sie nötigen, daß sie über den sinnlichen Eindruck nicht hinaus kann, sich unter ihm mit schwächeren Bildern zu beschäftigen, über die sie die sichtbare Fülle des Ausdrucks als ihre Grenze scheut. Wenn Laokoon im Bilde also seufzt, so kann ihn die Einbildungskraft schreien hören, wenn er aber schreit, so kann er von dieser Vorstellung weder eine Stufe höher noch eine Stufe tiefer steigen, ohne ihn in einem leidlicheren, folglich uninteressanteren Zustand zu erblicken. Sie hört ihn erst ächzen oder sieht ihn schon tot.

Ferner: Erhält dieser einzige Augenblick durch die Kunst, die Plastik, eine unveränderliche Dauer, so muß er nichts ausdrücken, was sich nicht anders als transitorisch denken läßt. Alle Erscheinungen, zu deren Wesen wir es nach unserem Begriffe rechnen, daß sie plötzlich aufbrechen und plötzlich verschwinden, daß sie das, was sie sind, nur einen einzigen Augenblick sein können, alle solchen Erscheinungen, sie mögen angenehm oder schrecklich sein, erhalten durch die Verlängerung der Kunst ein so widernatürliches Ansehen, daß mit jedem wiederholten Erblicken der Eindruck schwächer wird und uns endlich vor dem ganzen Gegenstande ekelt oder graut. Lamettrie, der sich als einen zweiten Demokrit hat malen oder stechen lassen, lacht nur die ersten Male, die man ihn ansieht. Betrachtet ihn öfter, und er wird aus einem Philosophen ein Geck, aus seinem Lachen wird ein Grinsen." So weit Lessing.

Die Wiedergabe seiner Gedanken zum fruchtbaren Augenblick ist mir wichtig, da hier die psychologische Situation und Reaktion des Betrachters analysiert wird. Was Lessing in seiner Untersuchung entwickelt, scheint auch in der frühen christlichen Kunst bekannt gewesen zu sein. Ich nenne als Beispiel die Heilung des Blinden aus dem Hitda-Kodex. Auch bei diesem Bericht dürfte es sich um einen „transitorischen" Vorgang handeln, denn das Sehend-Machen ist ein Vorgang von wenigen Augenblicken. Als „fruchtbarer Augenblick" muß die Szene gewählt werden, in der der Betrachter in seiner Phantasie erkennen kann: Jetzt, im nächsten Moment wird Jesus die Augen des Blinden berühren, dieser wird voller Freude über das gewonnene Augenlicht aufspringen und Jesus danken.

Für den Sprechzeichner ist es wichtig zu entscheiden, ob sich in der mitgeteilten Handlung im Kernstück ein transitorischer Vorgang befindet. Ist diese Frage zu bejahen, dann benötigt man genau für diese Szene den fruchtbaren Augenblick im Sinne Lessings.
Spricht Lessing ganz allgemein über das Verhältnis von Dichtung und Malerei, so gebraucht er, wenn er von Handlungen spricht, den Ausdruck „prägnanter Augenblick" (Laokoon XVI). Der prägnante Augenblick ist der, „aus welchem das Vorhergehende und Folgende am begreiflichsten wird".

Die Bild-Assoziation

Eine sehr wichtige Übersetzungsmethode ist das Assoziationsbild. Als man in der Diskussion um die abstrakte Kunst nach der Vergleichsmöglichkeit suchte und dabei nach den Urbildern im Sinne der platonischen Philosophie fragte, brachte der französische Maler Ozenfant die entscheidende Entdeckung vor: „Wenn von einer Form gesagt wird, sie steige oder falle, dann ist es nicht die Form als solche, sondern die Assoziation, die der Betrachter mit ihr verbindet." Das bedeutet aber, daß der Erlebnisvorgang nicht von der Form hervorgerufen wird, sondern vom Betrachter. Für den Sprechzeichner ist diese psychologische Einsicht wichtig, denn er muß immer daran denken, daß jede gezeichnete Form sich von einem bestimmten Augenblick an von der „literarischen" Mitteilung, die sie machen soll, löst, sich im Betrachter verselbständigt und Assoziationen hervorruft, die in eine ganz andere Richtung gehen. So wird unter Umständen eine bestimmte Form in der Sprechzeichnung autonom und teilt nun etwas anderes mit als das, was vom Sprechzeichner gemeint war. Es besteht damit die Möglichkeit, daß man auch „falsche" Sprechzeichnungen macht.

Tafel 63 Dazu ein Beispiel aus der Praxis. Es ergab sich aus einem Gespräch mit einem Theologen, dem das Sprechzeichnen wohlbekannt war, und zwar ging es um die Bibelstelle 1. Mose 12, Vers 1. Abraham wird vom Engel des Herrn aufgefordert, sein Land, sein Volk, seine Sippe zu verlassen. Die Sprechzeichnung sollte zeigen, wie schwer, ja geradezu unmöglich es für Abraham ist, diese Weisung Gottes zu erfüllen. Der Theologe machte eine Sprechzeichnung und sagte dazu: „Hier steht Abraham mit seinen Angehörigen in seinem Haus, das ist der erste Sperrkreis, sein Land." Dabei zeichnete er als Sperrkreis eine Kurve. „Das ist der zweite Sperrkreis, sein Volk". Damit zeichnete er wieder eine Kurve. „Und das ist der dritte Sperrkreis, seine Sippe." Er zog die dritte Kurve. An den Enden einer jeden Kurve zeichnete er einige Menschen, die Land, Volk, Sippe bedeuten sollten.

Dann fragte er mich, was ich von dieser Sprechzeichnung hielte. Ich erwiderte: „Bitte sehen Sie sich diese Zeichnung genau an, was sehen Sie?" Er verstand meine Frage nicht gleich. Ich sagte: „Das sind doch keine Sperrkreise, wie Sie gedacht haben. Im Bild haben sich die drei hintereinander liegenden Kreise in eine schöne Freitreppe verwandelt, auf der Abraham mit seinen Angehörigen das Haus leicht verlassen kann. Sie haben zwar Sperrkreise gesagt, aber das Bild sagt das nicht. Diese Fehlassoziation können Sie mit noch so vielen Worten nicht mehr rückgängig machen, denn das Bild ist stärker als das gesprochene Wort. Ihre Zeichnung hat sich vom Text gelöst und sich selbständig gemacht. Durch diese falsche Sprechzeichnung haben Sie etwas von der Autonomie des Bildes gegenüber dem Wort erfahren. Soll überzeugend im Bild mitgeteilt werden, daß Gott von Abraham und seinen Angehörigen etwas schier Unmögliches verlangt, dann muß das so geschehen, daß keine falschen Assoziationen hervorgerufen werden." Tafel 63 unten

Eine Form, die nur eine einzige, eindeutige Assoziation im Betrachter wachruft, gibt es so gut wie nicht. Es kommt immer darauf an, in welchem Bildzusammenhang sie steht. Die Form im Bild I der Tafel 64 ist keineswegs eindeutig, sie enthält latent verschiedene Assoziationsmöglichkeiten. In Bild II sind fliehende Menschen dazu gezeichnet, und die indifferente Form von Bild I ist zu einem drohenden Flieger geworden. In Bild III sind noch ein schwarzer Punkt und einige zungenartige Wellenlinien hinzugefügt, es entstand ein gefährlicher Schlangenkopf. Bild IV: Durch Hinzufügen eines Gefäßes hat sich das Bild I in eine sich öffnende Blüte verwandelt. In Bild V wurde die Form mit der Spitze nach oben gezeichnet, darunter einige Menschen. Aus der Form ist ein Berg mit einer schützenden Höhle geworden. Tafel 64

Die nächste Tafel zeigt eine Form, die man für eindeutig halten möchte: eine Mondsichel. Auf Bild II zeichnen wir deshalb Sterne hinzu. In Bild III ist aus der gleichen Form durch Hinzufügen eines augenartigen Punktes und fliehender Menschen ein bedrohliches Ungeheuer geworden. Bild IV: Durch Drehung der Form I entstand ein Schiff. Bild V: Auf den Kopf gestellt wird die Form eine Höhle, in der Menschen Schutz suchen. Diese beiden Bilder zeigen, wie schwer es ist, abstrakte Formen so anzulegen, daß sich beim Betrachter keine falschen Assoziationen einstellen. Die Tatsache, daß jede Form Assoziationen hervorruft, macht sich die nächste Übersetzungsmethode zunutze. Tafel 65

Das Verwandlungsbild

Tafel 66

Das Verwandlungsbild geht davon aus, daß die eigentlich gemeinte Bildaussage, etwa höchste Lebensgefahr bei einem Sturm auf See, indirekt dadurch mitgeteilt werden kann, daß z. B. die Meereswellen sich in drohende Schlangen verwandeln.
Ein klassisches Beispiel dieses Übersetzungstypus gibt es in der Buchmalerei im Hitda-Kodex. Dargestellt ist der Sturm auf dem Meer, die Stelle, da das Boot, in dem Jesus steht, in schwerste Gefahr kommt. Sieht man das Bild genau an, so ist das stürmische Meer überhaupt nicht dargestellt. Dagegen hat sich das Schiff selbst in einen Drachen verwandelt, der in den Abgrund, nach unten stürzt. Die Verwandlung geht also so vor sich: Das Schiff (altgermanisches Drachenschiff) wird zum Drachen und stürzt nach unten. So ist vom Bild unmittelbar abzulesen, daß sich die Besatzung in höchster Lebensgefahr befindet. Beim gleichen Motiv hatte ich auf Tafel 66 nicht das Schiff, sondern die Wellen in Ungeheuer verwandelt, um dadurch die Gefahr zu be-zeichnen.
Aus dem Gesagten dürfte klar geworden sein, daß das Bild weitgehend vom Wort unabhängig ist und durch Assoziation autonom werden kann. Gerade vom Sprechzeichnen her muß hier noch etwas zur Autonomie

des Bildes gesagt werden, vor allem für die Theologen, die zum Begriffsdenken erzogen sind. Statt im Bild eine autonome Realität zu sehen, erblicken sie darin oder im Gleichnis, das ja ebenfalls aus Bildern besteht, eine „Illustration" zu einem abstrakten theologischen Begriff. Die Gleichnisse Jesu sind jedoch auf keinen Fall mehr oder weniger geglückte Illustrationen zu theologischen Begriffen.
Warum Jesus vor allem in seinen Reich-Gottes-Gleichnissen zum Bild gegriffen hat, dazu weiß der Psychologe C. G. Jung etwas Wichtiges zu sagen: „Es scheint", so heißt es bei ihm, „daß nur über das Bild der Raum des Unbewußten oder der Raum des unvorstellbar Transzendenten zu erreichen ist."
Wenn Jesus vom Himmelreich spricht, so spricht er genau von dem, was unserem Vorstellungsvermögen verschlossen ist. Er spricht vom „unvorstellbar Transzendenten", und dieses kann man, nach C. G. Jung, nur in Bildern aussagen. Wem dies einmal klar geworden ist, der kann nie mehr in einem Reich-Gottes-Gleichnis Jesu eine „Illustration" zu dem theologischen Begriff „Himmelreich" sehen. Denn wer so denkt, der hat das Wesen der Bilder in den biblischen Gleichnissen nicht begriffen. Von Realitäten wie Himmelreich oder Handeln Gottes am Menschen kann man gar nicht anders als in Bildern sprechen, denn Bilder reichen um vieles weiter als das Wort.
Es würde zu weit führen, die psychologischen Zusammenhänge zu entfalten, die das Gesagte unterbauen. Nur folgendes sei wiederholt:
Es gibt kein Verstehen ohne Vorstellung. Nihil est in intellectu, quod non ante fuerit in sensu (sensibus).
Teilt Jesus etwas vom unvorstellbar Transzendenten mit, dann greift er zum Gleichnis, zum Bild im Wort.

Tafel 67   Ein eindrucksvolles Beispiel für die Überlegenheit des Bildes über den Begriff ist Luk. 10, Vers 25 bis 37, der Disput zwischen Jesus und dem Schriftgelehrten zum Thema „Der Nächste". Der Schriftgelehrte fragt Vers 29: „Wer ist denn mein Nächster?" Für ihn ist der „Nächste" lediglich ein manipulierbarer Begriff, der den Fragenden im Grunde nichts angeht. Jesus läßt sich zunächst auf die rein begriffliche Diskussion mit dem Schriftgelehrten ein. In Vers 30 aber bricht er die unverbindliche Diskussion plötzlich ab und erzählt das Gleichnis vom barmherzigen Samariter. Es ist der Bericht von einer Situation, die seine Zuhörer alle kennen. Jesus aber verfolgt mit diesem Gleichnis ein ganz bestimmtes Ziel. Am Ende der Bilderzählung weiß er, daß ihn der Schriftgelehrte verstanden hat, und deshalb kann er ihn auch fragen: „Welcher dünkt dich, der unter diesen dreien der Nächste sei gewesen dem, der unter die Räuber gefallen war?" Die Antwort kommt prompt und richtig: „Der die Barmherzigkeit an ihm tat." Der Schriftgelehrte hat gar nicht gemerkt, daß Jesus ihn durch das Gleichnis gezwungen hat, seinen abstrakten Begriff vom „Nächsten" in ein unmittelbares Erfahren und Erleben zu verwandeln. Dieses Gleichnis hat also nicht das Ziel, von der sogenannten Mitmenschlichkeit zu reden, es will vielmehr den Schriftgelehrten von seinem unverbindlichen Begriffsdenken befreien. Eine solche Befreiung kann jedoch nur ein Bild, ein Gleichnis vollziehen.
Bei biblischen Texten kommt es immer wieder vor, daß im Lauf einer Handlung eine Mitteilung gemacht wird, die für Gang und Verständnis der Handlung wichtig ist. Ins Bild wird das dadurch übertragen, daß das

vom Handelnden Mitgeteilte als Kleinbild ins Gesamtbild eingefügt wird. Als Beispiel Luk. 4, Vers 14 bis 30: Jesus predigt in Nazareth. Wichtig für den Verlauf der Handlung ist hier, daß Jesus einen Jesaja-Text liest und diesen Text dann auf sich bezieht, was den Zorn der Gemeinde auslöst. Also muß die Sprechzeichnung nicht nur Jesus und die erregte Gemeinde darstellen, sondern im Bild auch den Text mitteilen, der die Ursache der Aufregung ist.

Tafel 68

Ein weiteres Bild: Jesus fragt den Schriftgelehrten, nachdem er ihm das Gleichnis vom barmherzigen Samariter erzählt hat, wer wohl der Nächste des Überfallenen gewesen sei. Die Antwort des Schriftgelehrten (Luk. 10, Vers 36) lautet: „Der die Barmherzigkeit an ihm tat." Wir zeichnen das, wie es die Tafel 69 zeigt: Zwei große Figuren, Jesus und der Schriftgelehrte, zwischen beiden ein Kreis, in ihm zwei kleine Figuren, die eine liegt am Boden, die andere verbindet sie.

Tafel 69

Das Ineinanderblenden der Textstellen – Das kompilatorische Bild

Das biblische Bild kennt einen weiteren Typ, das Ineinanderblenden verschiedener Textstellen zu einem einzigen Bild.
Das klassische Bild dieser Art ist die Kreuzigung von Mathias Grünewald im Isenheimer Altar. Dort sehen wir in der Mitte den Gekreuzigten, rechts von ihm Maria und den Evangelisten Johannes, dem die Mutter Christi anvertraut ist. Der Maler hat hier zweifellos an Joh. 19, Vers 25 ff. gedacht. Auf der linken Seite des Kreuzes steht Johannes der Täufer, der laut biblischem Bericht zur Zeit der Kreuzigung Jesu längst enthauptet war. Er weist mit dem Zeigefinger auf den Gekreuzigten. Durch die Hinzufügung dieser Figur, die Joh. 1, Vers 29 als textlichen Vorwurf hat, wo Johannes der Täufer auf Christus weist mit den Worten: „Siehe, das ist Gottes Lamm, das der Welt Sünde trägt", sind zwei ganz verschiedene Bibelstellen ineinandergeblendet.

Tafel 70

Oder: Wenn, wie oben bereits erwähnt, auf einem Bild der Tanz ums Goldene Kalb verbunden wird mit der Begegnung Moses mit Gott auf dem Berge Sinai, bei der Mose die Gesetzestafeln erhält, dann sind auch hier zwei verschiedene Textstellen ineinandergeblendet, nämlich 2. Mose 20 und 2. Mose 32. Zwischen beiden Berichten liegen zwölf Kapitel. Sachlich gehören sie freilich eng zusammen, denn die Ursache für den Guß des Goldenen Kalbes war die Angst, die Moses lange Abwesenheit hervorgerufen hatte.

Tafel 47
Mitte

Oder: Es gibt in der christlichen Kunst eine ganze Anzahl Weihnachtsbilder, auf denen die Hirten und die drei Weisen als Anbetende an der Krippe vereint sind. Im Text wird jedoch die Anbetung der Hirten Luk. 2, Vers 15, die Anbetung der Weisen Matth. 2, Vers 10, erzählt. Das Ineinanderblenden sagt aus: Alle Welt, die Hirten und die Könige beten im Stall von Bethlehem das Kind an.

Tafel 71

Nicht darstellbare Bildworte

Tafel 72, 73

Damit komme ich zu einer weiteren Gruppe, die in der biblischen Mitteilung eine wichtige Rolle spielt. Es sind die nicht darstellbaren Bildworte.

„Nicht darstellbare Bildworte" scheint ein Widerspruch in sich zu sein, und doch gibt es das. Ich nenne die johanneischen Ich-bin-Worte Jesu, z. B.: „Ich bin der Weinstock, ihr seid die Reben" (Joh. 15, Vers 5), „Ich bin der Weg, die Wahrheit und das Leben" (Joh. 14, Vers 6), „Ich bin das Licht der Welt" (Joh. 8, Vers 12).

Tafel 74

Das Bildwort „In Christus sein" ist nur scheinbar nicht darstellbar. Es kann mit Hilfe des bezeichnenden Bildes ohne weiteres dargestellt werden. Das gleiche gilt von dem Wort 1. Petr. 2, Vers 5: „Und bauet auch ihr euch als lebendige Steine zum geistlichen Hause..." Auch dieser Bildsatz kann ohne weiteres in ein be-zeichnendes Bild umgesetzt werden. Wenn ich von nicht darstellbaren Bildworten rede, so meine ich Worte, die sich mit den Glyphen des Sprechzeichnens allein nicht ins Bild übertragen lassen. Hier handelt es sich um das, was wir Symbole nennen. Diese Ich-bin-Worte sind uneigentliche Hinweise auf geistige Realitäten. Sagt Christus z. B.: „Ich bin der Weinstock, ihr seid die Reben", so meint er damit: Genauso, wie die Reben am Weinstock sind und ohne ihn verdorren müssen, genauso könnt ihr, meine Jünger, nicht leben, wenn ihr nicht lebendig mit mir verbunden seid. Also: Ich bin wie ein Weinstock, und ihr seid wie die Reben.

Man braucht eine ganze Anzahl Worte und Gedanken, um das Bildwort „Ich bin der Weinstock" in sein Gemeintes zu übersetzen. Beim Bild geht es uns nicht anders, hier müssen wir andere Mittel verwenden als die bisherigen. Diese anderen Bildmittel sind die in der Kirche ganz allgemein so genannten „christlichen Zeichen". Wir sagen vielfach auch fälschlich „christliche Symbole" dazu, aber es handelt sich hier nicht um Symbole. Symbol ist nur dort, wo auf etwas hingewiesen wird, was unbekannt ist.

Wenn ich richtig informiert bin, stammen diese Zeichen meist aus den christlichen Katakomben. Sie sind ein wichtiges Glaubensgut. Durch Rudolf Koch sind sie in unserer Zeit wieder bekannt geworden, nicht zuletzt durch sein Wirken fanden sie Eingang in die christliche Paramentik. Selbst wenn dabei oft des Guten zuviel getan worden ist, haben die Zeichen ihre Bedeutung und Gültigkeit. Es würde freilich zu weit führen, sie alle hier zusammenzustellen.

Für das Sprechzeichnen ist von den christlichen Zeichen vor allem das uralt überlieferte Monogramm Christi in seinen verschiedenen Formen wichtig, wie diese Zeichen überhaupt geeignet sind, nicht darstellbare Bildworte ins Bild zu übertragen. Würden wir zum Beispiel bei dem Wort „Ich bin der Weinstock, ihr seid die Reben" die Glyphe für Jesus Christus nehmen und ihr Reben in die Hand geben, so würde dieses Bild aussagen: „Christus, der Weingärtner", nicht aber das gemeinte Bildwort. Zeichnen wir jedoch statt der Glyphe das Monogramm Christi und versehen es mit Trauben, so ist damit das Wort ohne weiteres ins Bild übertragen. Das gilt für jedes der Ich-bin-Worte Jesu; denn diese sind Mitteilungen von symbolischem Charakter, d. h. sie sind uneigentlich gemeint.

Auch die Himmelreich-Gleichnisse Jesu haben symbolischen Charakter. Diese können wir jedoch durch das Sprechzeichnen darstellen, denn das Gleichnis ist immer Handlung, die sich mit Glyphen be-zeichnen läßt. Werden aber die Gleichnisse so dargestellt, daß die Bilder als Abbild, als Illustration erscheinen, dann verlieren diese ihren symbolischen

Hinweis-Charakter. Denn das Uneigentliche geht im Abbild verloren, während es als Be-Zeichnung erhalten bleibt.

Die von Rudolf Koch gesammelten Zeichen sind also im Sprechzeichnen durchaus am Platze, wo es um die nicht darstellbaren Bildworte geht. Leider ist aber auch eine falsche Anwendung der Zeichen immer wieder anzutreffen. Mit diesen Zeichen und Symbolen lassen sich keine Bilder aufbauen, hauptsächlich deshalb, weil das figürliche Bild seine eigenen Gesetze hat und eine menschliche Figur nicht durch ein symbolartiges Zeichen ersetzt werden kann. Das ist nicht möglich, denn diese Formen machen sich im Rahmen eines Bildes sofort selbständig und teilen dann etwas anderes als das Gemeinte mit. Ein Beispiel dafür bietet Tafel Nr. 75. Hier wurden Menschen, die sich um Jesus Christus scharen, nicht durch die Glyphe Mensch, sondern durch Kreuze dargestellt, Christus durch sein Monogramm. Die Addition von Kreuzen signalisiert jedoch nicht „Christen", sondern assoziiert „Friedhof". Auf diese Art darf man die christlichen Zeichen also nicht verwenden.

Tafel 75

Das Kurzbild

Dem Zeichen ähnlich ist das Kurzbild. An einigen Beispielen sei das Wesentliche gezeigt.

Tafel 76

Erstens: „Speisung der Fünftausend". Die Sprechzeichnung zeigt mit Hilfe der Glyphe einen Szenenablauf. Zwei Jünger haben zwei Fische und fünf Brote und bringen sie Jesus. Er segnet Fische und Brote und gibt sie an die Jünger zurück. Diese nehmen sie von ihm in Empfang und geben sie an die Volksmenge weiter. Alle essen und werden satt, und es bleiben zwölf Körbe voll übrig. Ist das ein Wunderbericht? Keineswegs, es ist ein Gleichnisbericht, der zunächst einmal Menschen zeigt, die das, was sie haben, zu Jesus bringen.

„Signale" der Handlung sind die zwei Fische und fünf Brote. Gezeichnet weisen sie als Kurzbild auf den biblischen Bericht von der Speisung der Fünftausend hin. Man kann auch die zwölf Körbe dazuzeichnen.

Zweitens: „Petri Fischzug". Der Auferstandene erscheint den Jüngern am See Tiberias. Auch hier kann der Bibelbericht durch das Sprechzeichnen bis in Einzelheiten sichtbar gemacht werden. Signale der Handlung sind ein Schiff und ein Netz voll Fische, sie geben das Kurzbild für den Bericht vom Auferstandenen am See Tiberias.

Tafel 77

Weitere Kurzbilder:

Tafel 78

Erdenbogen (Höhle), darin Futterkrippe mit Kind, darüber ein Stern = Weihnachten.
Fels mit leerem Grab = Ostermorgen.
Berg mit drei Kreuzen = Golgatha.
Kreuzschwert, das den Drachen durchstößt = Kampf des Erzengels Michael.

Beispiele von Sprechzeichnungen

Auf Anraten von Professor Ernst Gerstenmaier habe ich dem Buch noch einige Beispiele von Sprechzeichnungen beigegeben. Ihm verdanke ich auch die dazu gehörigen Exegesen. Ich danke ihm dafür herzlich.

Tafel 79

Der Hauptmann von Kapernaum. Luk. 7, Vers 1 bis 10

Der Text läßt sich leicht in vier Bilder und ein Nebenbild auflösen:
Bild 1: Vers 1 bis 2
Bild 2: Vers 3 bis 6a
Bild 3a: Vers 6b bis 7 + Bild 3b: Vers 8
Bild 4: Vers 9 bis 10

Der Exeget sagt dazu folgendes: Die von dem gottesfürchtigen Hauptmann geschickten Juden stützen ihre Bitte an Jesus auf die „frommen Werke" des Hauptmanns. Überraschend stellt sich aber heraus, daß der Hauptmann gar nicht daran denkt, sich auf seine Frömmigkeit zu berufen. Jesus ist für ihn der, der von Gott Vollmacht hat, die er sich wie seine Befehlsgewalt als Offizier vorstellt, nur weit größer. Darum ist er vor diesem Jesus nichts als ein sündiger Mensch, der ganz auf Gnade angewiesen ist. Jesus begegnet hier einem Glauben, wie er ihn bei den werkgerechten Juden nicht gefunden hat. Wer so glaubt, gehört über die Schranken von Religion und Nation hinweg zu Jesus und erfährt seine Hilfe. Es ist deshalb in der Sprechzeichnung (Bild 4) der Hauptmann eng mit Jesus vereinigt.

Tafel 80

Die Tochter des Jairus. Luk. 8, Vers 40 bis 56

Der Text wird in vier Bilder eingeteilt:
Bild 1: Vers 40 bis 42
Bild 2: Vers 43 bis 48
Bild 3: Vers 49 bis 50

Der Exeget sagt dazu: Im Vergleich mit anderen synoptischen Auferweckungsgeschichten dürfte das Besondere der Jairus-Perikope darin bestehen, daß Jesus durch seine Zusage (Vers 42, 50, 52) einen Menschen entgegen allem Augenschein im Glauben bestärkt. Aufgabe des Sprechzeichners ist es, das sichtbar zu machen. Es geschieht dies am besten dadurch, daß Jesus und Jairus durch eine sie beide umschließende Linie verbunden werden.

Christus und Zachäus. Luk. 19, Vers 1 bis 10

Professor H. W. Bartsch schreibt in einem Artikel „Auslegung und Sprechzeichnung" in „Erfahrung mit dem Sprechzeichnen" (Evang. Akademie): „Die Beziehung zwischen Auslegung und Sprechzeichnung ist wechselseitig. Während das Sprechzeichnen allein nur dem Gang einer Geschichte – Gleichnis oder Wundergeschichte – nachgehen würde, gibt die wissenschaftliche Auslegung ihm Hinweise auf die Schwerpunkte und die Intention der Geschichte."
Es genügt also für den Sprechzeichner nicht, einen Text einfach in Reihenbilder zu übertragen. Unbedingt nötig ist zur Klärung der Aus-

tausch mit dem Exegeten. Der Sprechzeichnung zu Luk. 19, Vers 1 bis 10,   Tafel 81, 82
gingen eingehende Gespräche voraus. Um Intention und Schwerpunkt
des Textes richtig ins Bild zu übertragen, mußte ich den vier Reihenbildern noch zwei kerygmatische, d. h. der Verkündigung dienende
Bilder beifügen. Das erste macht nicht den Text unmittelbar sichtbar,
sondern ist Hilfsbild für das zweite. Ihm liegt der Vers 9b zugrunde:
„Sintemal er auch ein Sohn Abrahams ist." Ich fragte den Exegeten:
„Woran erkennt man die Söhne Abrahams?" Antwort: „Sie stehen in der
Gnade Gottes und unter Gottes Gesetz." Es war also meine Aufgabe,
dies sichtbar zu machen. Die Lösung zeigt das kerygmatische Bild.
Der Exeget machte mich ferner darauf aufmerksam, daß es sich hier um
eine sogenannte Personal-Legende handelt; denn das Ziel des Textes
ist die Person des Zachäus. Was das Ziel Jesu ist, zeigt Vers 10: „Des
Menschen Sohn ist gekommen, zu suchen und selig zu machen, was verloren ist." Zachäus ist der „Verlorene", den Jesus sucht, um ihn selig zu
machen, das heißt, um ihn in die Gemeinschaft der „Söhne Abrahams"
zurückzuführen, „sintemal er auch ein Sohn Abrahams ist". Hier liegt
also Intention und Schwerpunkt des Textes.
Der Sprechzeichner kann damit beginnen, daß er den Text Vers 1 bis 9a
in Reihenbilder überträgt. Bis dahin ist das Zeichnen verhältnismäßig
einfach. Das eigentliche Problem liegt darin, das „Schlüsselwort" Vers 9b,
die „Söhne Abrahams" sichtbar zu machen, was im ersten kerygmatischen Bild geschieht. Dem zweiten liegt Vers 10 zugrunde, das Handeln Jesu. Es zielt in zwei Richtungen. Einmal geht es darum, Zachäus
zu den „Söhnen Abrahams" zurückzuführen. Dabei ist sichtbar zu
machen, warum diese Zachäus nicht mehr als solchen anerkennen wollen:
Er hat als Zöllner Wucherzölle verlangt und ist so zu ungerechtem Geld
gekommen. Damit hat er gegen das Gesetz Gottes verstoßen und seine
Sohnschaft verloren. Darum richtet sich das Handeln Jesu auch auf die
„Söhne Abrahams", die unter dem Gesetz Gottes stehen und ihm verwehren wollen, den Zachäus in ihre Gemeinschaft zurückzuholen. Sie
verwechseln das Gesetz Gottes mit einer „Gesetzlichkeit", über die sie
zu verfügen glauben. Im zweiten kerygmatischen Bild ist Intention und
Schwerpunkt des Textes sichtbar gemacht.

Der Schatzmeister von Äthiopien. Apg. 8, Vers 26 bis 40   Tafel 83

Der Text läßt sich in fünf Reihenbilder und ein Zusatzbild aufteilen:

Bild 1: Vers 26 bis 28
Bild 2: Vers 29 bis 30
Bild 3a: Vers 31 bis 35a + Bild 3b: Vers 35b
Bild 4: Vers 36 bis 39a
Bild 5: Vers 39b

Bei aufmerksamem Lesen des Textes zeigt sich, daß sich die Mitteilung in
Vers 31 bis 35 spaltet. Der Bericht läuft weiter, zugleich wird mitgeteilt,
was der Schatzmeister bei Jesaja liest und wie Philippus es ihm auslegt.
Der Sprechzeichner wird daher diese Verse in ein parallel laufendes
Doppelbild zerlegen (Bild 3a und 3b). Dabei stellt sich heraus, daß in
Bild 3b die Intention des Textes enthalten ist; denn die christologische
Auslegung der Jesaja-Stelle durch Philippus bewegt den Schatzmeister,
sich auf Christus taufen zu lassen.

Tafel 84, 85 David und Goliath. 1. Sam. 17, Vers 1 bis 58

Obwohl das Alte Testament vor dem Neuen Testament steht, habe ich dieses Beispiel doch an den Schluß gesetzt und zwar deshalb, weil der Text dem Sprechzeichner besonders schwierige Aufgaben stellt. Zunächst sei der Exeget befragt, was er zu diesem Text zu sagen hat.
Ursprünglich war der Text eine selbständige Legende, die aber dann in das Geschichtswerk der Samuelisbücher eingearbeitet worden ist und nun in den Zusammenhang des Handelns Gottes an Israel durch Samuel, Saul und David gehört. Saul ist der von Gott dem Volke zugestandene König und, als von Gott erwählt, von Samuel in Gottes Auftrag zum König gesalbt. Bleibt er auf Gottes Wegen, ist ihm Gottes Schutz sicher. Aber er weicht ab, und so bereitet Gott seine Ablösung durch David vor, gönnt ihm indessen noch eine lange Frist.
Nun tritt 1. Sam. 17 jener Riese Goliath auf und verlangt, der Krieg zwischen dem Volk Israel und den Philistern solle durch einen Zweikampf entschieden werden. Er fordert zwar nicht gerade Saul selbst heraus, aber der Leser kann es nicht anders verstehen, als daß sich nun der Gesalbte Gottes zum Zweikampf zu stellen habe. Doch es heißt: „Als nun Saul und mit ihm ganz Israel diese Worte des Philisters hörten, verzagten sie und fürchteten sich sehr" (Vers 11). Saul steht im Text nicht ohne Grund voraus. Er wäre zum Zweikampf berufen gewesen, aber er fürchtet sich, denn er vertraut nicht auf Gott. Er ist nicht König unter Gott, sondern aus eigenem Für-richtig-Halten. Damit ist er aus Gottes Gnade und Erwählung herausgefallen. Im Zusammenhang der Geschichten von Saul und David, deren eine die Goliathgeschichte ist, ist das ungemein bedeutsam und folgenschwer. Es gehört in die Linie der Ablösung Sauls durch David. Dieser, Sauls Gegenbild, hat als Hirt im Kampf mit Bär und Löwe Gottes Schutz erfahren. Er erträgt es nicht, daß der Philister den lebendigen Gott verhöhnt, und bietet sich zum Kampf an. Saul kann nur auf Waffen vertrauen, David vertraut auf den Gott Israels: „Ich komme zu dir mit dem Namen des Herrn der Heerscharen, des Gottes der Schlachtreihen Israels, die du verhöhnt hast. Am heutigen Tag wird Gott der Herr dich in meine Hände liefern" (Vers 45 und 46a). Ungepanzert geht er dem schwerbewaffneten Feind entgegen, trifft ihn mit dem Schleuderstein, wagt es, angesichts des Heeres der Philister und des Schildträgers auf den Gestürzten zuzulaufen und ihm mit dessen eigenem Schwert den Todesstreich zu geben. Gott bekennt sich zu Davids Tat und gibt dem Volk Israel, in dem sich solcher Glaube findet, den Sieg. Er wendet sich von Saul ab und David zu. Soweit der Exeget.
Es geht also in dem Bericht erstens um David und Goliath, zweitens um David und Saul. Noch eine dritte Beziehung ist vorhanden: David und sein Vater. Ausgehend von dieser Feststellung tut der Sprechzeichner gut daran, nicht nur vom Text her Reihenbilder zu entwickeln, sondern diese in Reihe A, B, und C zu gliedern. Reihe A zeigt die Beziehung Davids zu seinem Vater, Reihe B die zwischen David und Goliath, Reihe C die zwischen David und Saul. Bei der Zuordnung sind die textlichen Parallelen deutlich zu machen.
Reihe A hat zwei Bilder: David war der Sohn . . . (1. Sam. 17, Vers 12 bis 14, Bild 3A) und: David erhält von seinem Vater den Auftrag, mit

Lebensmitteln ins Heerlager zu gehen (Vers 17a, Bild 4A). Diese Stelle ist wichtig, weil man hier erfährt, wie David, der Knabe, auf das Schlachtfeld kommt.

Reihe B hat zehn Bilder. Sie zeigt die Herausforderungen Goliaths bis zu seiner Überwindung durch David. Hierbei wird sichtbar, daß David in der Gnade Gottes steht (Bild 7B, 8B, 9B) und daß er den ihm weit überlegenen Goliath mit Gottes Hilfe und im Vertrauen auf ihn besiegen konnte.

Reihe C besteht aus sieben Bildern: Saul, obwohl er der Gesalbte Gottes ist, und das Volk Israel fürchten sich vor Goliath (Vers 11, Bild 2C). David hütet die Schafe seines Vaters (Vers 15, Bild 3C). Dieses Bild gehört deshalb in die Reihe C, weil das hier Mitgeteilte in engem Zusammenhang mit Saul und seiner Furcht vor Goliath steht. David übergibt sein Hirtenamt einem Knecht, um aufs Schlachtfeld gehen zu können. Er ist bei den Kämpfenden und hört den Hohn des Goliath (Vers 20, Bild 4C). David ist entschlossen, Goliaths Beleidigungen gegen Gott zu rächen. Er wird zu Saul gebracht und teilt ihm seinen Entschluß mit. Saul rät ihm ab: „Du kannst nicht zu diesem Philister hingehen und mit ihm kämpfen, er ist ein schwer bewaffneter, erfahrener Krieger, und du bist ein Knabe." (Vers 33, Bild 5C). Da David dennoch zum Kampf entschlossen ist, Saul aber nicht wie David auf Gott, sondern auf seine Rüstung vertraut, gibt er ihm seine Waffen (Vers 38 bis 39a). David indessen kann in der schweren Rüstung nicht gehen. Er legt die Waffen wieder ab und tritt, im Vertrauen auf Gott, dem Riesen nur mit seiner Schleuder entgegen und besiegt ihn (Vers 39b bis 40). In seinem Vertrauen auf Gott hat David den Kampf gegen den Philister gewonnen. Saul aber hat durch seine Furcht die Gnade Gottes verloren. Gott wendet sich mit seiner Gnade David zu (Vers 55 bis 58, Bild 10C).

Tafeln

I A		TAFEL
GLYPHE: MENSCH: GRUNDFORM:	STEHEN	1

MITTEILEN VON <u>GEBÄRDEN</u> : DURCH VERSCHIEDENE BEWE-
GUNGEN DER ARME

<u>BEZEICHNEN</u> DER MENSCHLICHEN FIGUR DURCH HINWEI-
SENDE ZUGABEN:

        KOPFTUCH = FRAU u. MÄDCHEN
        HUT   = MANN MIT HUT
        +   = CHRIST
        H   = HEIDE
        Gv   = GRIECHE
        ✡   = JUDE

I	A	TAFEL
GLYPHE: MENSCH: GRUNDFORM	STEHEN	2

BEZEICHNEN VON TÄTIGKEITEN DURCH HINZUFÜGEN VON VERSCHIEDENEN GERÄTEN:

MANN MIT HIRTENSTAB = HIRTE/VOLKSFÜHRER
MANN MIT SACK UND STAB = WANDERER
MANN MIT RECHEN = GÄRTNER BEI DER ARBEIT
MANN MIT SENSE = BAUER
MANN MIT KRUG AM MUND = DURSTIGER, TRINKENDER
FRAU MIT KRUG = FRAU MIT KRUG.
FRAU MIT JOCH U. EIMERN = WASSERTRÄGERIN
MANN MIT SACK, KÖRNER SÄEND = SÄEMANN
MÄNNER MIT: SCHWERT, LANZE, PFEIL U. BOGEN = KRIEGER
MÄNNER MIT: POSAUNE, HARFE, BECKEN, TRIANGEL = MUSIKANTEN
MANN MIT KRONE AUF DEM HAUPT U. SZEPTER = KÖNIG
MANN MIT KRONE AUF DEM ROCK U. STAB = HEROLD
MANN MIT PRIESTERHUT, PRIESTER-BRUSTSCHILD, WEIHRAUCHFASS = JÜDISCHER HOHER PRIESTER
MANN MIT LANZE, SCHILD, HELM = SOLDAT

GLYPHE: MENSCH: GRUNDFORM	I A	STEHEN	TAFEL 3

TAFEL 3 ZEIGT, DASS MIT DER GLYPHE IA SCHON DIE VERSCHIEDENSTEN SZENEN MITGETEILT WERDEN KÖNNEN, DIE OHNE MÜHE ABLESBAR SIND:

SZENE I: MUTTER, VATER, KIND

SZENE II: 2 BEGEGNEN SICH. 2 SIND ZEUGEN DER BEGEGNUNG

SZENE III: EIN KÖNIG GIBT WEISUNG EINEM KNECHT

SZENE IV: (OBERE LINIE) HÖRER   REDNER   HÖRER
(MITTLERE LINIE) SOLDATEN BEWACHEN DEN REDNER
(UNTERE LINIE) ZUHÖRENDES VOLK

I A		TAFEL
GLYPHE: MENSCH: GRUNDFORM:	STEHEN	4

AUCH DIE DARSTELLUNG DER TAFEL 4 BENÜTZT NUR DIE GLYPHE IA

DIE MITTEILUNG IST OHNE WEITERES ABLESBAR

JÜNGER HÖREN ZU   PHARISÄER ÄRGERN SICH

(PAUSTE)

JESUS
CHRISTUS
PREDIGT

VOLK   VOLK   VOLK

VOLK   VOLK

HÖRT JESU ZU

| GLYPHE: MENSCH: GRUNDFORM | I B | GEHEN. ZIEHEN SCHIEBEN | TAFEL 5 |

DIE GRUNDFORM I B KANN SICH NACH RECHTS UND NACH LINKS NEIGEN.
ALLE TÄTIGKEITEN SIND OHNE WEITERES LESBAR.

| GLYPHE: MENSCH: GRUNDFORM | I B | GEHEN ZIEHEN SCHIEBEN | TAFEL 6 |

AUCH DIE SZENEN VON TAFEL 6 SIND NUR DURCH DIE GLYPHE I B MITGETEILT:

BILD I: WANDERNDE FLÜCHTLINGE

BILD II: SOLDATEN IM KAMPF

BILD III: BAUERN AUF DEM FELD

BILD IV: HEIMKEHRENDE BAUERN

I A + B	A = STEHEN B = GEHEN ZIEHEN SCHIEBEN	TAFEL 7
GLYPHE: MENSCH: GRUNDFORMEN		

TAFEL 7 ZEIGT 2 SZENEN, DIE DURCH DIE GLYPHEN I A
VERBUNDEN MIT DER GLYPHE I B MITGETEILT SIND.

SZENE I

    ZUSCHAUER   ZUSCHAUER

              2 KÄMPFENDE

KAMPFRICHTER

                        ZUSCHAUER

SZENE II

    ZUSCHAUER   WACHSOLDATEN

    ZUSCHAUER   VORBEIZIEHENDE

SZENE I

SZENE II

GLYPHE: MENSCH: GRUNDFORM	I C	KNIEN	TAFEL 8

TAFEL 8 ZEIGT DIE GLYPHE IC IN DEN VERSCHIEDENSTEN FORMEN.

DIE SZENE DER TAFEL 8 IST MIT DEN GLYPHEN IA + IB + IC GEZEICHNET.

I A + B + C	A: STEHEN B: GEHEN, WERFEN C: KNIEN	TAFEL
GLYPHE: MENSCH: GRUNDFORMEN	ZUSAMMENBRECHEN	9

OBERE SZENE: BETENDER PRIESTER MIT BETENDEN
(ORANTEN)

UNTERE SZENE: STEINIGUNG

GLYPHE: MENSCH: GRUNDFORM	I D	SICH VERNEIGEN SICH BÜCKEN SICH VERBEUGEN	TAFEL 10

TAPEL 10 OBEN: DIE GLYPHE D IN DEN VERSCHIEDENSTEN FORMEN

TAPEL 10 UNTEN: SZENE GEZEICHNET MIT DEN GLYPHEN
I A + I B + I D

I　　E + F	E = LIEGEN F = GESTÜRZT SEIN 　　GEFALLEN SEIN	TAFEL 11
GLYPHE: MENSCH: GRUNDFORMEN		

TAFEL 11 ZEIGT OBEN: GLYPHE I E UND I F

UNTEN:　SZENE MIT GLYPHE I A + I B + I C + I E + I F

VERLETZER WIRD　　　　　　　ZUSCHAUER
VERBUNDEN

ZUSCHAUER　　　　　　　　　VERLETZTER WIRD AUF
　　　　　　　　　　　　　　DER TRAGBAHRE GETRAGEN

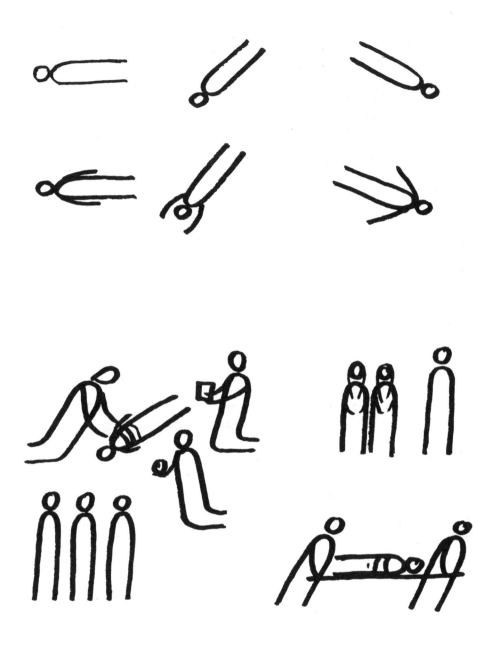

I G		TAFEL
GLYPHE: MENSCH : GRUNDFORM	SITZEN	12

TAFEL 12 OBEN: GLYPHE IG IN DEN VERSCHIEDENSTEN FORMEN

TAFEL 12 UNTEN: SZENE MIT DEN GLYPHEN
IA + IB + IC + IG

KÖNIG NIMMT EIN GESCHENK ENTGEGEN

ABORDNUNG MIT GE-
SCHENKEN

2 HEROLDE UND
2 SOLDATEN
1 OFFIZIER

HEROLD BEGRÜSST
DIE ABORDNUNG

| GLYPHE: MENSCH: GRUNDFORM | I H SITZEN FRONTAL | TAFEL 13 |

OBEN: ENTWICKLUNG DER GLYPHE IH

MITTE: SZENE MIT GLYPHEN: IA + IG + IH

UNTEN: SZENE MIT GLYPHEN: IA + IB + IH

INHALT DER SZENE: EIN HERR LÄSST DURCH SEINE DIENER SEINEN KNECHTEN DEN LOHN AUSZAHLEN:
12 TALER; 9 TALER UND 6 TALER

			TAFEL
GLYPHE: MENSCH: GRUNDFORM	I J	HOCKEN	14

OBEN: VERSCHIEDENE FORMEN DES HOCKENS

UNTEN: SZENE MIT GLYPHEN: IA + IB + Ic + IJ

II A + B		TAFEL
GLYPHE: TIER: GRUNDFORMEN	VIERFÜSSLER	15

OBEN: GRUNDFORM IIA WIRD GENAUER <u>BEZEICHNET</u> DURCH ANFÜGEN VON HALS UND KOPF:

GRUNDFORM A: STIER (OCHS; RIND); PFERD (ESEL); SCHWEIN; SCHAF; REH; HIRSCH; GEMSE (ZURÜCK-SCHAUEND) HUND; HUND; GRUNDFORM B → KAMEL

UNTEN: SZENE AUS GLYPHEN: IA + IB + IIA

| II   C + D | II C - FISCH | TAFEL |
| GLYPHE: TIER: GRUNDFORMEN | II D - VOGEL | 16 |

OBEN: FISCHE

MITTE: VÖGEL + SONDERFORM: STORCH

UNTEN: SZENE MIT DEN GLYPHEN: I B + I J + II A + II D

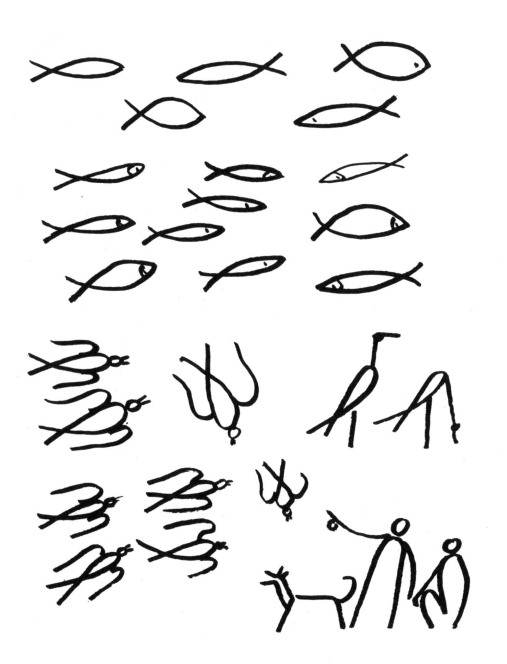

GLYPHE: PFLANZEN: GRUNDFORM	III A	BAUM	TAFEL 17

OBEN: GRUNDFORM III A WIRD GENAUER BEZEICHNET:

GRUNDFORM III A; LAUB-BAUM; BLÜHENDER BAUM; FRUCHT-BAUM; KAHLER BAUM; NADELBAUM; SYMBOLISCHER BAUM; BAUM DES LEBENS; LILIENBAUM

UNTEN: SZENE AUS GLYPHEN: I B + I G + I J + III A

III B	TAFEL
GLYPHE: PFLANZEN: GRUNDFORM STRAUCH / BUSCH	18

OBEN: GRUNDFORM III B STRAUCH BELAUBT; BLÜHEND; MIT FRÜCHTEN

UNTEN: SZENE MIT GLYPHEN: IB + IG + IIA + IID + IIIA + IIIB

III C + D + E	C = Weinstock D = ÄHREN E = WIESE, STEPPE, FELD	TAFEL 19
GLYPHE: PFLANZEN: GRUNDFORMEN		

OBEN: DIE GLYPHEN: III C + III D + III E

MITTE: WEINGARTEN MIT GLYPHEN: I B + III C + III E

UNTEN: ERNTE AUS DEN GLYPHEN: I B + I D + I J + III D + III E

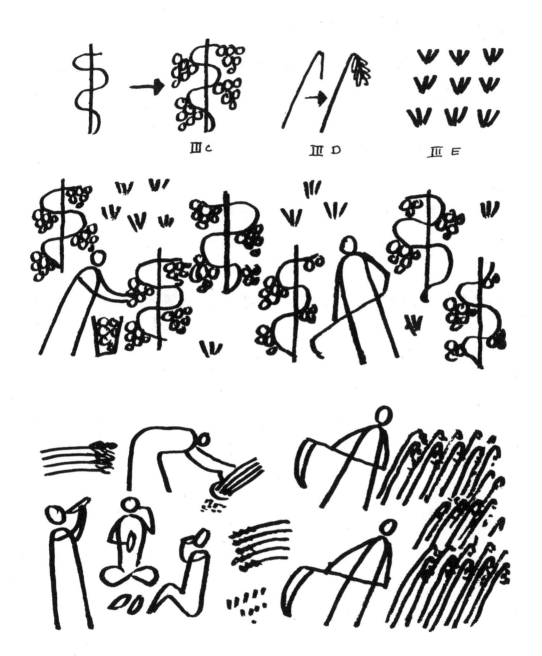

IV		TAFEL
GLYPHE: BERG·HÖHLE: GEBIRGE		20

OBEN: HÖHLE IM BERG (HÖHLENGRAB); GEBIRGE

MITTE: HÜGEL MIT BÄUMEN; WEINBERG

UNTEN: SZENE AUS DEN GLYPHEN: IA + IB + IG + IID + IV + IIIE

V̄	A+B+C+D	A = FEUER B = WOLKEN (LUFT) C = WASSER D = ACKER	TAFEL 21
GLYPHE: ELEMENTE : GRUNDFORMEN			

TAFEL 21 ZEIGT:

FEUER　　　　　　　WOLKEN

RUHIGES WASSER　　ACKER
STÜRMISCHES　　　　STEINIGER
WASSER　　　　　　ACKER

ART DER DARSTELLUNG I	GRUNDRISS-AUFRISS-DARSTELLUNG	TAFEL 22

ACKERLAND — ÄHRENFELD

WIESE; STEPPE STOPPELFELD — WEINGARTEN

SEE; TEICH WEIHER — FLUSS

| ART DER DARSTELLUNG I | GRUNDRISS-AUFRISS-DARSTELLUNG | TAFEL 23 |

TAFEL 23 ZEIGT EINE LANDSCHAFT, MIT BERGEN, FLUSS, ACKERLAND, STRASSE, TEICH MIT FISCHEN, DABEI MENSCHEN, TIERE IN REINER GRUNDRISS-AUFRISS-DARSTELLUNG

REGEL: BEI DER GRUNDRISS-AUFRISS-DARSTELLUNG WIRD ALLES, WAS MITZUTEILEN IST, IN DIE FLÄCHE „GELEGT."

| ART DER DARSTELLUNG I | GRUNDRISS-AUFRISS-DARSTELLUNG | TAFEL 24 |

TAFEL 24 ZEIGT "RÄUMLICHES" IN DER GRUNDRISS-AUFRISS-DARSTELLUNG

| STUHL | KRUG + SCHALE / TISCH | | STUHL | KRUG + SCHALE / TISCH |

ALS AUFRISS-DARSTELLUNG   ALS GRUNDRISS-AUFRISS-DARSTELLUNG

⬇   ⬇

DAS GLEICHE MIT MENSCHEN   DAS GLEICHE MIT MENSCHEN

UNTEN:

DAS ABENDMAHL IN GRUNDRISS-AUFRISS-DARSTELLUNG

| ART DER DARSTELLUNG I | GRUNDRISS-AUFRISS-DARSTELLUNG | TAFEL 25 |

TAFEL 25. 1. REIHE: VARIANTEN DER GRUNDRISS-AUFRISS-DARSTELLUNG A–C. VARIANTE D TEILT MIT „IM KORB SIND FRÜCHTE"

2. REIHE: A: KRUG IN AUFRISS-DARSTELLUNG

B: IM KRUG IST WASSER

C: WEIHRAUCH-FASS IN AUFRISS-DARSTELLUNG

D: DITO MIT INHALTSANGABE: FEUER + RAUCH

UNTEN: SZENE IN GRUNDRISS-AUFRISS-DARSTELLUNG
ES IST MITGETEILT: IN EINEM GARTEN MIT MAUER UND TOR STEHT EIN PUMPBRUNNEN MIT WASSERTROG. FRAUEN HOLEN WASSER. AUF DER RÜCKSEITE HAT DER GARTEN EINEN HOLZ-ZAUN.

| ART DER DARSTELLUNG | I | GRUNDRISS-AUFRISS-DARSTELLUNG | TAFEL 26 |

1. REIHE: JÜDISCHER RÄUCHERALTAR, JÜDISCHER BRAND-
            OPFERALTAR

2. REIHE: SIEBENARMIGER LEUCHTER, GESETZESTAFELN,
          THORA-ROLLE

UNTEN: JÜDISCHE PROZESSION MIT MUSIKANTEN. PRIESTER
       UND BUNDESLADE. DABEI STEHT BETENDES VOLK.

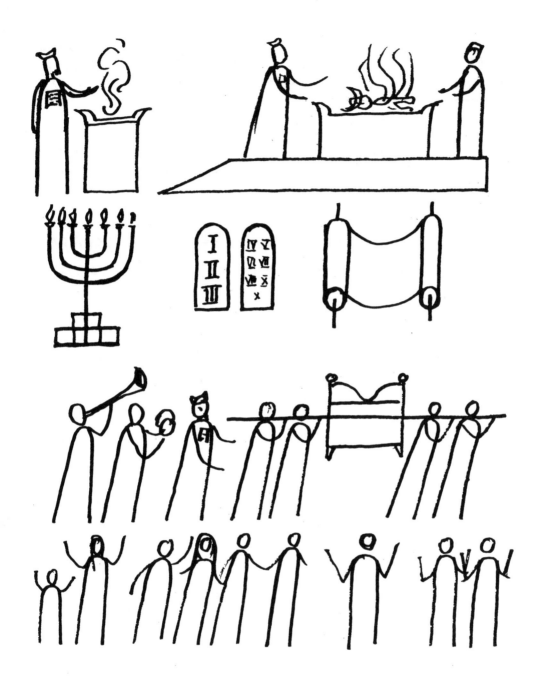

| ART DER DARSTELLUNG | I | GRUNDRISS-AUFRISS-DARSTELLUNG | TAFEL 27 |

1. REIHE: ZELTE IN AUFRISS-DARSTELLUNG

2. REIHE: BRUNNEN A+C IN GRUNDRISSDARSTELLUNG
B+D IN GRUNDRISS-AUFRISS-DARSTELLUNG

UNTEN: SZENE MIT ZELTEN, MENSCHEN, SCHAFEN UND EINEM BRUNNEN, AN DEM FRAUEN WASSER SCHÖPFEN.

| ART DER DARSTELLUNG | I | GRUNDRISS-AUFRISS-DARSTELLUNG | TAFEL 28 |

1. REIHE: VERSCHIEDENE TOR-TÜRME

2. REIHE: STUFENTURM · HAUS IN AUFRISSDARSTELLUNG

3. REIHE: ES WIRD MITGETEILT: IN EINEM HAUS SITZEN MENSCHEN AM TISCH, UND IM EINGANG BEGRÜSSEN SICH 2 MENSCHEN.

DIE SZENE IST IN GRUNDRISS-AUFRISS-DARSTELLUNG MITGETEILT.

| ART DER DARSTELLUNG | I | GRUNDRISS-AUFRISS-DARSTELLUNG | TAFEL 29 |

DIE SZENE IST NUR IN AUFRISS-DARSTELLUNG GESTALTET.

DAS BEISPIEL, ALS FREIE ERFINDUNG ZEIGT:
BERGE, AUF EINEM EINE BURG. AM HIMMEL WOLKEN. EINE STRASSE FÜHRT ZUR BURG. AUF DER STRASSE EIN KAUFMANNSZUG MIT SOLDATEN. VON DER BURG KOMMT EIN MANN DEM ZUG ENTGEGEN. UNTEN AN DER STRASSE MAUER MIT TOR. AM BURGBERG BÄUME MIT WIESE.

| ART DER DARSTELLUNG | II | JSOMETRIE | TAFEL 30 |

REGEL: BEI DER JSOMETRISCHEN DARSTELLUNG. WIRD VERSUCHT DIE DRITTE DIMENSIONALE: DIE „TIEFE" (RAUMTIEFE) DADURCH MITZUTEILEN: DASS DIE RAUMTIEFE IN DIE <u>SCHRÄGE</u> ÜBERSETZT WIRD. DABEI LAUFEN ALLE SCHRÄGEN PARALLEL. MAN SPRICHT DESHALB AUCH FÄLSCHLICHERWEISE VON PARALLEL-<u>PERSPEKTIVE</u>

DER AUSDRUCK PERSPEKTIVE IST DESHALB FALSCH, WEIL DIE BEZIEHUNG DES DARGESTELLTEN AUF DEN BETRACHTER (DAS IST DAS WESENTLICHE DER PERSPEKTIVE), NICHT VORHANDEN IST.

<u>OBEN:</u> ENTWICKLUNG DER JSOMETRIE EINER KOMMODE MIT KRUG.

<u>UNTEN:</u> SZENE IN JSOMETRIE DARGESTELLT.

| ART DER DARSTELLUNG | II | JSOMETRIE | TAFEL 31 |

OBEN: WEINGARTEN + TURM UND MAUER. DER TURM IST IN GRUNDRISS-AUFRISS, DIE MAUER IST IN JSOMETRIE DARGESTELLT.

REGEL DIE BEIDEN DARSTELLUNGSARTEN: GRUNDRISS-AUFRISS UND JSOMETRIE KÖNNEN GEMISCHT WERDEN. ENTSCHEIDEND IST DIE LEICHTE LESBARKEIT DER BILDMITTEILUNG.

UNTEN: TRINKSZENE, DARGESTELLT IN JSOMETRIE.

UM LEICHTER LESEN ZU KÖNNEN, DASS MENSCHEN UM EINEN TISCH SITZEN, IST DIE TISCHFLÄCHE IN JSOMETRIE DARGESTELLT.

| ART DER DARSTELLUNG | III | PERSPEKTIVE | TAFEL 32 |

OBEN: DIE ZENTRAL-PERSPEKTIVE

UNTEN: DIE FLUCHTPUNKT-PERSPEKTIVE

DIE PERSPEKTIVISCHEN ARTEN DER DARSTELLUNG SIND HIER DER VOLLSTÄNDIGKEIT HALBER ANGEFÜHRT. IM SPRECHZEICHNEN WIRD DIE PERSPEKTIVE NICHT VERWENDET.

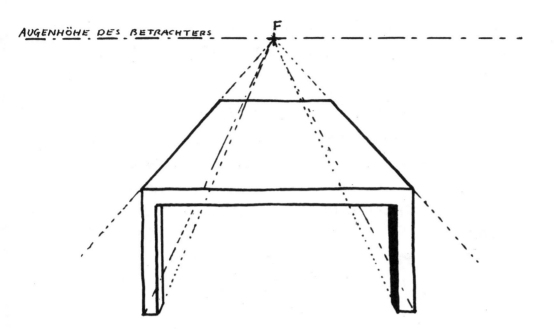
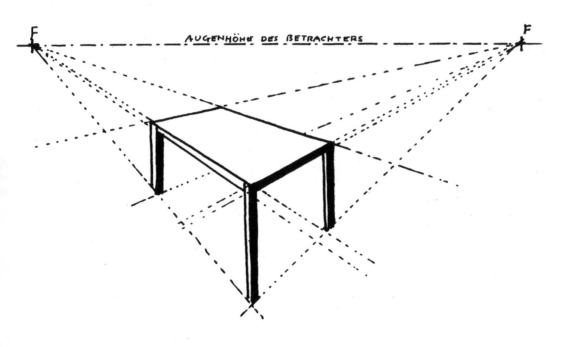

| ART DER DARSTELLUNG IV | KUBISTISCHE KOMPOSITION | TAFEL 33 |

DIE DARSTELLUNGSART DER TAFEL 33 NENNE ICH DESHALB KUBISTISCH, WEIL SIE DURCH DEN KUBISMUS WIEDER ENTDECKT WORDEN IST. DIE BUCHMALEREI UND DIE GRIECHISCH-ORTHODOXE JKONENMALEREI KANNTEN DIESE ART DER DARSTELLUNG.

FÜR DAS SPRECHZEICHNEN KOMMT SIE KAUM IN FRAGE.

| BEZEICHNEN DES NICHT-VORSTELLBAREN | SYMBOLISCHE GLYPHEN | TAFEL 34 |

1. REIHE: SYMBOLISCHE GLYPHEN FÜR GOTT:

- A GOTT SIEHT ALLES UND WEISS ALLES
- B GOTT SPRICHT GOTT HANDELT
- C GOTT ZÜRNT

2. REIHE:

- A KAÏN ERSCHLÄGT ABEL. GOTT WEISS ES
- B GOTT FRAGT: „KAÏN, WO IST DEIN BRUDER ABEL?"
- C TURMBAU ZU BABEL

3. REIHE: SYMBOLISCHE GLYPHEN FÜR JESUS CHRISTUS:

- A x) JESUS CHRISTUS DER MENSCHENSOHN
- B x) JESUS CHRISTUS PANTOKRATOR
- C JESUS CHRISTUS DER AUFERSTANDENE UND AUFGEFAHRENE
- D MONOGRAMM CHRISTI

4. REIHE: SYMBOLISCHE GLYPHEN FÜR DEN HEILIGEN GEIST:

- A TAUBE
- B LILIE
- C FLAMME
- D ENGEL STEHEND
- ENGEL FLIEGEND

BEMERKUNG ZUR 3. REIHE A x) UND B x): KREUZNIMBUS

IN DER BE-ZEICHNENDEN DARSTELLUNG IST DER KREUZNIMBUS BEI DER BE-ZEICHNUNG: MENSCH + KREUZNIMBUS = CHRISTUS DURCHAUS LEGAL.

DER KREUZNIMBUS „BE-ZEICHNET" JESUS ALS DEN, DER ZUM KREUZ GING UND ZU DEM SICH GOTT EBENDARUM DURCH DIE AUFERWECKUNG BEKANNT HAT. AUF DEN IRDISCHEN JESUS ANGEWANDT, SAGT DER NIMBUS, DASS GOTT IN IHM GEGENWÄRTIG IST, SPRICHT UND HANDELT.

| BEZEICHNEN DES NICHT-VORSTELLBAREN | SYMBOLISCHE GLYPHEN | TAFEL 35 |

ES GEHÖRT ZUM WESEN ALLER SYMBOLE, DASS SIE NICHT VORSTELLBAR SIND. DENNOCH GEHÖRT ES ZUM BEZEICHNENDEN BILD, DASS SIE IM BILD BEZEICHNET WERDEN. SO IST Z.B. DAS WIRKEN UND HANDELN GOTTES Z.B. AM MENSCHEN NICHT OHNE WEITERES ZU BEZEICHNEN. IN DIESEM FALL MUSS MAN EINE GLYPHE INS BILD EINFÜHREN, DIE OHNE WEITERES ABLESBAR IST. WIR SPRECHEN DANN VON SYMBOLISCHER GLYPHE. DIE VON „OBEN" KOMMENDE PARABELARTIGE KURVE, DIE WIEDER NACH „OBEN" ZURÜCKGEHT, BEDEUTET DAS HANDELN GOTTES. WIR TEILEN MIT: DURCH DAS HANDELN GOTTES IST DER, AN DEM GOTT HANDELT, IN DAS „KRAFTFELD GOTTES" GEKOMMEN.

TAFEL 35. <u>1. REIHE</u>: MOSE AUF DEM SINAI IST IM KRAFTFELD GOTTES.

<u>2. REIHE</u>: JESUS HEILT IM AUFTRAG GOTTES EINEN BLINDEN.

2. REIHE: SAULUS VOR DAMASKUS IM KRAFTFELD DES AUFERSTANDENEN

<u>3. REIHE</u>: EMMAUS

BILD I: DIE JÜNGER ERKENNEN JESUS NICHT.
BILD II: BEIM BROTBRECHEN „ERKENNEN" DIE JÜNGER DEN HERRN: SIE SIND IM KRAFTFELD JESU.

| BEZEICHNEN DES NICHT-VORSTELLBAREN | SYMBOLISCHE GLYPHEN: KRAFTFELD GOTTES | TAFEL 36 |

OBEN: **TAUFE JESU IM JORDAN:**
ALS EIN VORGANG TRINITARISCHEN AUSMASSES

UNTEN: **PFINGSTEN:**

DARGESTELLT: NUR EIN TEIL DER ZUHÖRER IST IM KRAFTFELD JESU CHRISTI. DIE ANDERN LEHNEN AB.

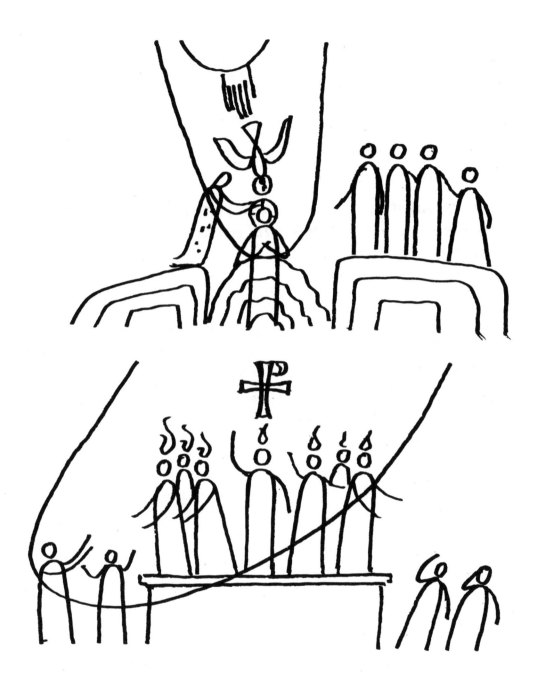

| BEZEICHNEN DES NICHT VORSTELLBAREN | SYMBOLISCHE GLYPHEN | TAFEL 37 |

DER ERDENBOGEN TEILT MIT: ALLES, WAS AUS DER ERDE KOMMT, MUSS ZUR ERDE ZURÜCK. WAS GEBOREN IST, MUSS AUCH STERBEN.

DIESE GLYPHE IST KEIN WERTURTEIL ÜBER „GUT" UND „BÖSE". ES IST LEDIGLICH DIE BEZEICHNUNG EINER TATSACHE

IM MITTELALTER IST DAS SICH DREHENDE RAD DER HINWEIS AUF DAS „MEMENTO MORI" DES MENSCHEN.

DER MENSCH IST GEBOREN UND MUSS WIEDER STERBEN. ABER ER STEHT ZUGLEICH IM „KRAFTFELD GOTTES".

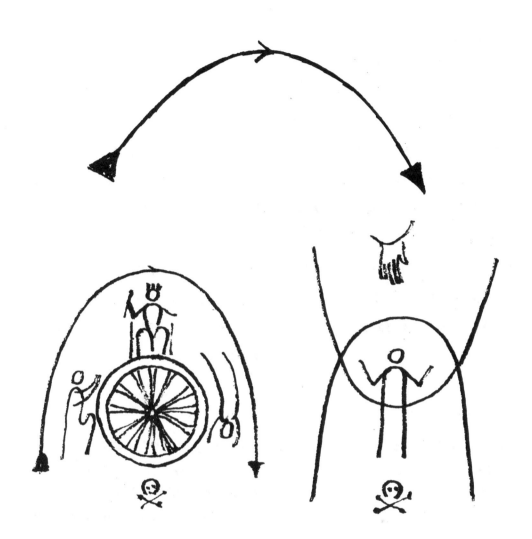

| BEZEICHNEN DES NICHT-VORSTELLBAREN | SYMBOLISCHE GLYPHEN | TAFEL 38 |

DAS BÖSE: MACHT DES SATANS.

OBEN: WELLIGE LINIE MIT SCHLANGENKOPF BEDEUTET DAS BÖSE. (SCHLANGE IST DIE BIBLISCHE BEZEICHUNG FÜR SATAN). OFFENER WOLFSRACHEN = HÖLLENRACHEN

MITTE:

DER SÜNDENFALL: VERSUCHUNG DER EVA DURCH DIE SCHLANGE

NACH DEM SÜNDENFALL: DIE SCHLANGE FESSELT ADAM UND EVA IN DER SÜNDE.

UNTEN:

EIN PHARISÄER WILL JESUS VERSUCHEN.

ZWEI MENSCHEN SIND VOM BÖSEN (SATANISCHEN) „EINGESPONNEN" UND WOLLEN SICH GEGENSEITIG TÖTEN.

| DAS VERHÄLTNIS VON WORT ZU BILD | TAFEL 39 |

BEIM HÖREN EINES GESPROCHENEN, BEZIEHUNGSWEISE BEIM LESEN EINES GEDRUCKTEN ODER GESCHRIEBENEN TEXTES LÄUFT DAS HÖREN ODER LESEN <u>ZEITLICH AB</u>, UND ZWAR NUR IN <u>EINER</u> "RICHTUNG", DIE WEDER FÜR DAS HÖREN NOCH FÜR DAS LESEN VERÄNDERBAR ODER GAR UMKEHRBAR IST. WAS MAN "IM AUGENBLICK" HÖRT ODER LIEST, IST NUR EIN KLEINER AUSSCHNITT EINER GESAMTMITTEILUNG. WAS BEREITS MITGETEILT WURDE, IST "VERGANGENHEIT". DAS JETZT IM AUGENBLICK MITZUTEILENDE IST "GEGENWART", WAS IM LAUFE DER MITTEILUNG NOCH ZU SAGEN IST, IST "ZUKÜNFTIG".

EINE MITTEILUNG DURCH DAS VISUELLE BILD BLEIBT IMMER <u>ALS GANZES</u> GEGENWÄRTIG, SELBST WENN IM AUGENBLICK DER BETRACHTER NUR EINEN TEIL DER VISUELLEN MITTEILUNG BETRACHTET. DAS <u>GANZE</u> VERLIERT ER NICHT "AUS DEN AUGEN".

AUSSERDEM KANN SICH DIE REIHENFOLGE DER BILDBETRACHTUNG BELIEBIG ÄNDERN.

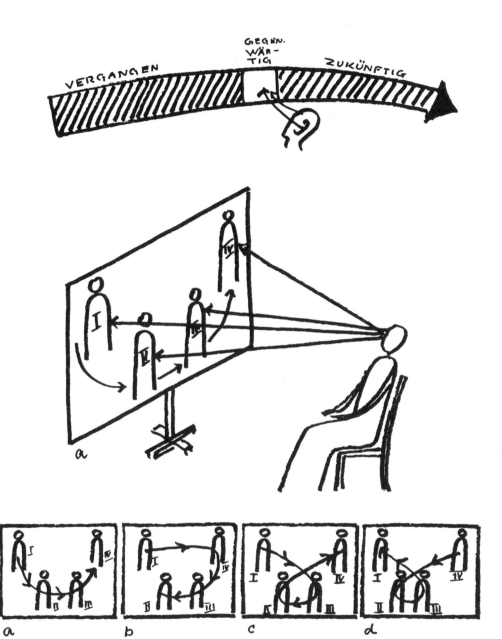

DAS VERHÄLTNIS VON WORT ZU BILD	TAFEL 40

UNTERHALTEN SICH 2 BETRACHTER ÜBER EINE BESTIMMTE STELLE IM BILD, SO KONZENTRIERT SICH ZWAR IHR INTERESSE AUF DIESE STELLE; DENNOCH VERLIEREN SIE „DAS GANZE" „NICHT AUS DEN AUGEN."

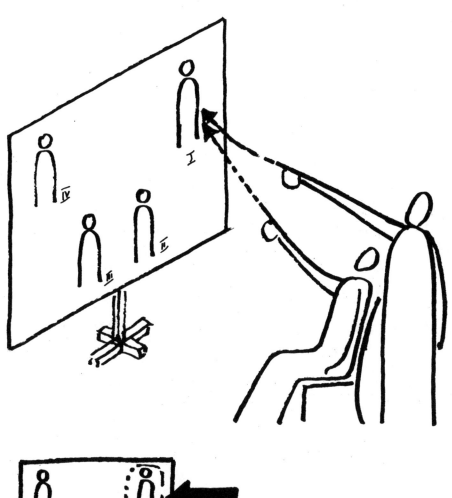
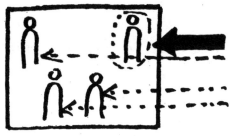

| DAS VERHÄLTNIS VON WORT ZU BILD | TAFEL 41 |

WIRD IM BILD EINE REIHUNG GEZEIGT, SO IST IM ALLGEMEINEN DAS „LESEN" DIESER REIHUNG VON DEN GEWOHNHEITEN DES LESENS DER GEWOHNTEN SCHRIFT BESTIMMT.

<u>DER ABENDLÄNDER</u> IST GEWOHNT SEINE SCHRIFT VON LINKS NACH RECHTS ZU LESEN, ALSO WIRD ER AUCH EIN BILD ENTSPRECHEND LESEN WOLLEN (ÜBER RECHTS UND LINKS <u>IM BILD</u> SIEHE TAFEL 45).

<u>DER JUDE</u> LIESST SEINE SCHRIFT VON RECHTS NACH LINKS. FOLGLICH LIEST ER BILDER EBENSO.

<u>DER CHINESE UND JAPANER</u> LIEST VON OBEN NACH UNTEN. ALSO LESEN SIE BILDER ENTSPRECHEND.

GENAU DAS GLEICHE GILT FÜR DAS LESEN EINER BILDER-REIHE, DIE AUS EINZELBILDERN BESTEHT, DIE NACHEINANDER GELESEN WERDEN SOLLEN (SIEHE TAFELN 51-53).

ES IST NICHT „DAS NATÜRLICHE", BILDER VON LINKS NACH RECHTS ZU LESEN. DAS IST NUR DIE GEWOHNHEIT DES LESENS EINER SCHRIFT BEIM ABENDLÄNDER.

DAS BILD IST KEIN SPIEGEL, SONDERN EIN „GEGENÜBER". DESHALB STEHT RECHTS BEIM BESCHAUER DER LINKEN BILDSEITE GEGENÜBER.

| DAS VERHÄLTNIS VON WORT ZU BILD | TAFEL 42 |

WENN Z.B. IN DER BILDMITTE MASSTÄBLICH GRÖSSER EINE GRUPPE DARGESTELLT IST, DIE VON MASSTÄBLICH KLEINEREN GRUPPEN UMGEBEN IST, SO WIRD JEDER BETRACHTER, EINERLEI OB ABENDLÄNDER, JUDE ODER ASIATE, ZUNÄCHST DIE MASSTÄBLICH GRÖSSERE GRUPPE BETRACHTEN UND DANN ERST ZU DEN KLEINEREN GRUPPEN ÜBERGEHEN.
DAS BEDEUTET: DAS LESEN EINES BILDES IST IM ALLGEMEINEN VOM BILDAUFBAU ABHÄNGIG.
SIEHE BILD I.
DAS GLEICHE GILT, WENN DIE MASSTÄBLICH GRÖSSERE GRUPPE AM RANDE STEHT (SIEHE BILD II).

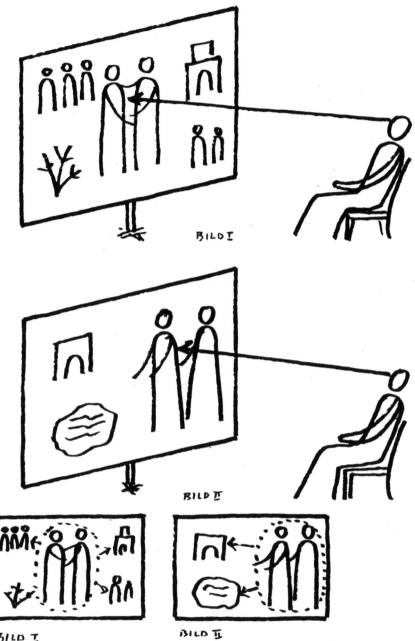

| OBEN UND UNTEN IM BILD | TAFEL 43 |

DA DIE GRUNDRISS-AUFRISS-DARSTELLUNG KEINE RÄUMLICHE BILDMITTEILUNG KENNT, WIRD BEI DIESER ART DER DARSTELLUNG „HINTEN" UND „VORNE" IM BILD MITGETEILT DURCH „OBEN UND „UNTEN" IM BILD. DABEI IST OBEN = HINTEN UND UNTEN = VORNE.

IN DIESEM FALL SPRECHEN WIR VON <u>QUANTITATIVER RAUM-MITTEILUNG.</u>

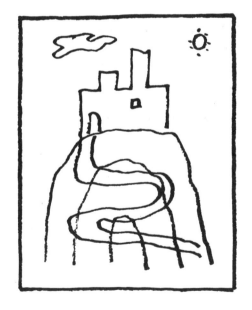

| OBEN UND UNTEN IM BILD | TAFEL 44 |

DIE QUALITATIVE MITTEILUNG VON OBEN u. UNTEN

WENN Z.B. KREUZIGUNG UND HIMMELFAHRT IN EINEM DOPPELBILD ÜBEREINANDER DARGESTELLT SIND, SO WÄRE ES, VOM BILD HER, UNGLAUBWÜRDIG, WENN DIE KREUZIGUNG IN DEM OBEREN UND DIE HIMMELFAHRT IM UNTEREN BILDTEIL IST. DENN: DIE HIMMELFAHRT IST ALS MITTEILUNG MEHR ALS DIE KREUZIGUNG. DIE KREUZIGUNG WEIST NACH UNTEN, DAS HEISST INS GRAB, IN DIE HÖLLE. ABER DIE HIMMELFAHRT WEIST NACH OBEN, IN DEN „HIMMEL", IN „DAS REICH GOTTES".

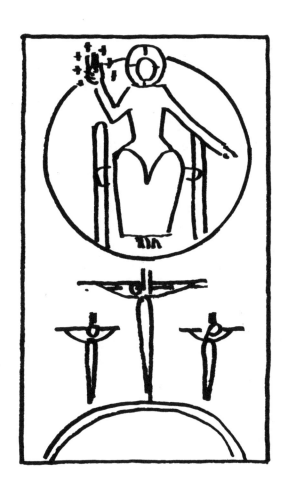

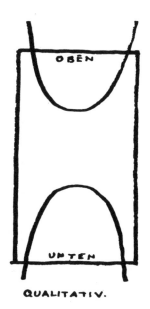

QUALITATIV.

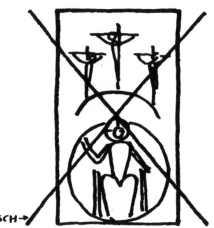

FALSCH→

| LINKS UND RECHTS IM BILD | TAFEL 45 |

BEI EINER BILDBESPRECHUNG ERLEBT MAN IMMER WIEDER, DASS DER BETRACHTER <u>SEIN</u> RECHTS UND LINKS AUF DAS BILD ÜBERTRÄGT UND RECHTS UND LINKS IM BILD ENTSPRECHEND BEZEICHNET.

HANDELT ES SICH UM LANDSCHAFTSMALEREI ODER UM EIN STILL-LEBEN, ALSO UM BILDER, IN DENEN KEINE MENSCHEN ABGEBILDET SIND, KANN DIESE ART DER SEITENBEZEICHNUNG IM BILD OHNE WEITERES ANGENOMMEN WERDEN.

SCHWIERIG WIRD ES JEDOCH, WENN IM BILD MENSCHEN SO DARGESTELLT SIND, DASS SIE DEM BETRACHTER FRONTAL GEGENÜBERSTEHEN. DANN IST SOFORT EINLEUCHTEND, DASS DAS BILD KEIN SPIEGEL IST, SONDERN DAS GEGENÜBER DES BETRACHTERS.

BESONDERS IST DIE RICHTIGE BEZEICHNUNG VON RECHTS UND LINKS IM BILD DANN WICHTIG, WENN VOM BILDINHALT HER EIN QUALITATIVER UNTERSCHIED ZWISCHEN RECHTS UND LINKS GEMACHT WERDEN MUSS (NÄHERES SIEHE TAFEL 46).

RECHTS UND LINKS ALS BILDQUALITÄT — TAFEL 46

BILD I SOLL UNTERSCHIEDEN WERDEN ZWISCHEN GUT UND BÖSE IM SINNE DES JÜNGSTEN GERICHTS. Z.B CHRISTUS PANTOKRATOR SCHEIDET IM JÜNGSTEN GERICHT DIE SELIGEN VON DEN VERDAMMTEN. SO SIND DIE SELIGEN IMMER AUF DER RECHTEN BILDSEITE, DER HÖLLENRACHEN ABER IST LINKS.

BILD II: EBENSO IST BEI DER KREUZIGUNG DIE RECHTE SEITE DES BILDES DIE GNADENSEITE. AUS DIESEM GRUND STEHT DAS KREUZ MIT DEM GUTEN SCHÄCHER AUF DER RECHTEN BILDSEITE, UND DER BÖSE SCHÄCHER STEHT MIT SEINEM KREUZ AUF DER LINKEN SEITE DES BILDES.

RECHTS　　　　　　　　　　　　　　　　　　　　LINKS
BILD I

RECHTS　　　　　　　　　　　　　　　　　　　　LINKS
BILD II

| RECHTS UND LINKS ALS QUALITÄT | TAFEL 47 |

BILD I: IN DEM BERICHT VON MARIA UND MARTHA (LUK. 10, V. 38-42) IST DAS VERHALTEN VON MARIA (V. 42) VON JESUS ANGENOMMEN WORDEN, WÄHREND DAS VERHALTEN DER MARTHA VOM IHM ABGELEHNT WIRD. DESHALB IST MARIA RECHTS UND MARTHA LINKS VON JESUS.

BILD II: WIRD IN EINEM BILD DARGESTELLT, WIE MOSE AUF DEM SINAI VON GOTT DIE GESETZESTAFELN ERHÄLT UND WIE DAS VOLK ISRAEL UM DAS „GOLDENE KALB" TANZT. DANN GEHÖREN MOSE AUF DEM BERGE, ÜBER IHM DIE HAND GOTTES IM „KRAFTFELD GOTTES" AUF DIE RECHTE BILDSEITE ALS DIE „GNADENSEITE", UND DER TANZ UMS „GOLDENE KALB", ALS ABFALL VON GOTT, AUF DIE LINKE SEITE, ALS DIE „GERICHTS-SEITE."

BILD III: SOLL JEDOCH MITGETEILT WERDEN: „JESUS CHRISTUS ZUR RECHTEN GOTTES", DANN IST DIE HAND GOTTES, ALS ZEICHEN FÜR GOTT, LINKS VON JESUS CHRISTUS.

RECHTS   LINKS BILD I

RECHTS   LINKS BILD II

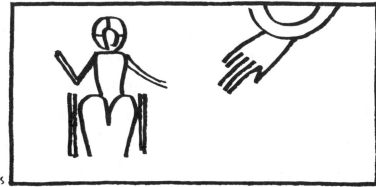

RECHTS   LINKS BILD III

| DIE DEFORMIERUNG | TAFEL 48 |

BILD I: KÖNIG DAVID HAT GESÜNDIGT. ER WIRD AUF WEISUNG GOTTES DURCH DEN PROPHETEN NATHAN ZUR BUSSE GERUFEN: WIR LESEN 2. SAMUEL 12, V.7 DIE STELLE, WO NATHAN DEM KÖNIG DAVID ZURUFT: „DU BIST DER MANN." UM DIESES: „DU BIST DER MANN" UNMITTELBAR ANSCHAUBAR BEZEICHNEN ZU KÖNNEN, DEFORMIEREN WIR DEN ARM DES NATHAN UND MACHEN IHN UM VIELES LÄNGER ALS DIE „NORMALE" ARMLÄNGE.

BILD II LUKAS 15 „DER VERLORENE SOHN". DIESER ERKENNT SEINE TATSÄCHLICHE LAGE UND DAS SCHULDHAFTE SEINES TUNS. WIR KOMMEN ZU EV. LUKAS 15, V.18. DER SOHN SAGT: „ICH WILL MICH AUFMACHEN UND ZU MEINEM VATER GEHEN." DEFORMIEREN WIR DIE AUSGESTRECKTE HAND DES SOHNES INS ÜBERGROSSE UND ZEIGEN WIR DIESE ÜBERGROSSE HAND AUSGESTRECKT ZUM VATER, DANN KÖNNEN WIR UNMITTELBAR ABLESEN: „ICH WILL MICH AUFMACHEN UND ZU MEINEM VATER GEHEN…"

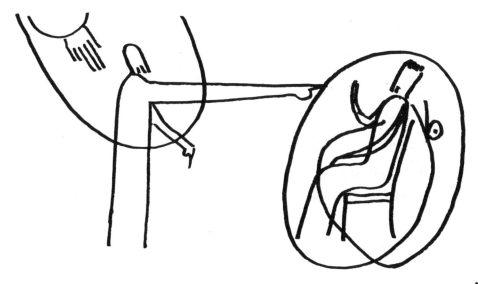

BILD I

BILD II

MASS-STAB-VERÄNDERUNG: QUANTITATIV + QUALITATIV — TAFEL 49

BILD I: IN DER PERSPEKTIVE IST, WAS GROSS IST, NAH DA; WAS KLEIN IST, WEIT ENTFERNT. BEI DER BE-ZEICH-NENDEN GRUNDRISS-AUFRISS-DARSTELLUNG, DIE KEINE RAUM-MITTEILUNG KENNT, GILT DAS GLEICHE, NUR MIT DEM UNTERSCHIED, DASS DAS, WAS NAH DA IST, IMMER VORNE, D.H. AM UNTEREN BILDRAND, UND DAS ENTFERNTE KLEIN UND AM OBEREN BILDRAND IST. WIR SPRECHEN DANN VOM QUANTITATIVEN GRÖSSENUNTERSCHIED.

BILD II: DAS BEZEICHNENDE BILD KENNT AUCH DEN QUALITATIVEN GRÖSSENUNTERSCHIED. BILD II HAT GROSSE UND KLEINE FIGUREN: GROSSE FIGUREN SIND BEDEUTEND (CHRISTUS). RECHTS DAVON ETWAS KLEINERE FIGUREN, ABER GRÖSSER ALS DIE FIGUREN LINKS IM BILD. BEDEUTUNG: RECHTS = JÜNGER JESU. LINKS = VOLK.

BILD III: HIER SIND QUANTITATIVE UND QUALITATIVE GRÖSSENUNTERSCHIEDE VEREINIGT.
QUANTITATIV: OBEN RECHTS: KLEINER TURM UND KLEINE MENSCHEN BEDEUTET: TURM UND MENSCHEN IM HINTERGRUND. QUALITATIV: CHRISTUS (GROSS) = (BEDEUTEND) HEILT EINEN KRANKEN (KLEIN). HINTER CHRISTUS 2 FIGUREN KLEINER ALS CHRISTUS = JÜNGER JESU. TORTURM VORNE IST GROSS, ABER FÜR DIE MENSCHLICHEN FIGUREN ZU KLEIN. BEDEUTET: DIE SZENE SPIELT VOR EINER STADT.

BILD I

BILD II

BILD III

| MASSTABVERÄNDERUNG: QUANTITATIV QUALITATIV | TAFEL 50 |

DAS BILD ZEIGT MASSTABVERÄNDERUNG IN EINER GESAMTKOMPOSITION. ALS BEISPIEL: LUKAS 15. GROSSMASSTÄBLICH IST DER VERLORENE SOHN MIT DEN SCHWEINEN. AM RECHTEN OBEREN BILDTEIL IST, KLEINER IM MASSTAB, EIN TISCH, AN DEM EINE GRÖSSERE FIGUR MIT MEHREREN KLEINEREN FIGUREN SITZT. DIESE SZENE BEDEUTET: DER VATER MIT SEINEN KNECHTEN IST VOM SOHN: „WEIT-ENTFERNT" (KLEINER).

ÜBERSETZUNGSMETHODE VOM WORT INS BILD	I DAS REIHENBILD	TAFEL 51

BEIM ÜBERSETZEN EINES TEXTES INS BILD GEHT MAN DAVON AUS, DASS DAS ZEITLICHE NACHEINANDER BEIM WORT IN EIN RÄUMLICHES NEBENEINANDER BEIM BILD ÜBERSETZT WERDEN MUSS. MAN LIEST ZUNÄCHST DEN TEXT DURCH UND STELLT FEST, BEI WELCHEM SATZ EINE IN SICH GESCHLOSSENE MITTEILUNG ZU ENDE IST, SO DASS DIESE MITTEILUNG IN EIN BILD ÜBERSETZT WERDEN KANN. DANACH LIEST MAN WEITER, BIS ZUM ENDE DER NÄCHSTEN MITTEILUNG, DAS GIBT DAS ZWEITE BILD. SO LÄSST SICH EIN GRÖSSERER TEXT IN EINE ANZAHL VON BILDERN ZERLEGEN. REIHT MAN DIE BILDER ANEINANDER, SO KANN MAN DEN TEXT SICHTBAR-MACHEN. DIES IST DIE EINFACHSTE UND ERSTE ÜBERSETZUNGSMETHODE VOM WORT INS BILD. ES IST RATSAM, BEI JEDEM TEXT MIT DER AUFLÖSUNG IN EINE BILDERREIHE ZU BEGINNEN.

BILD I. ALS ANGEHÖRIGE EINER ABENDLÄNDISCHEN KULTUR SIND WIR GEWOHNT, EINE BILDERREIHE VON LINKS NACH RECHTS ZU LESEN UND DIE REIHE DARUNTER WIEDER VON LINKS NACH RECHTS. FÜR DAS BILD IST DAS NUR EINE ART DES LESENS. TAFEL 51 BILD II ZEIGT EINE WEITERE LESEMÖGLICHKEIT. WEITERE LESEMÖGLICHKEITEN (SIEHE TAFELN 52 UND 53).

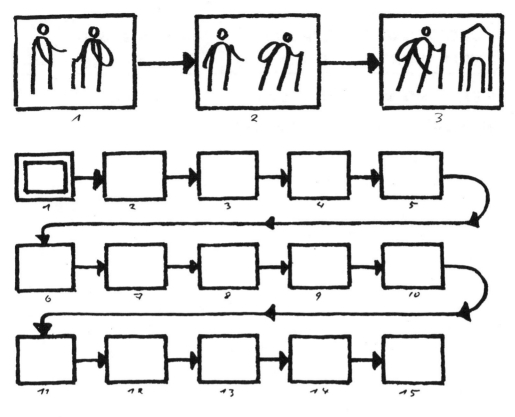

BILD I

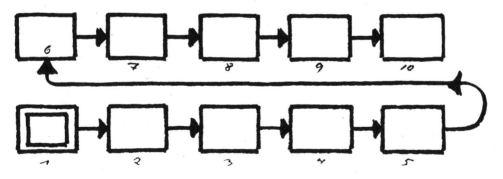

BILD II

| ÜBERSETZUNGS METHODE VOM WORT INS BILD | I | DAS REIHENBILD IN DER BILDERREIHE | TAFEL 52 |

HIER SIND WEITERE MÖGLICHKEITEN DARGESTELLT, EINE BILDERREIHE ZU "LESEN".

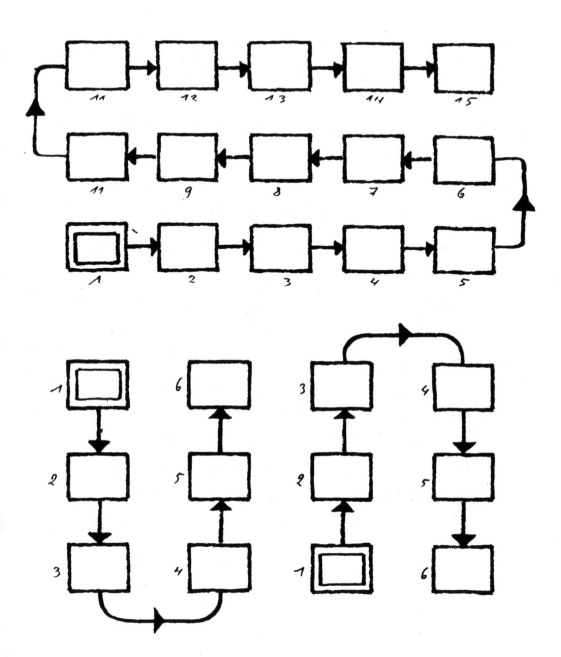

LESEN VON BILDERREIHEN IM RAUM — TAFEL 53

DAS LESEN VON BILDERREIHEN IN EINEM RAUM RICHTET SICH WEITGEHEND NACH DEM RAUM.

DIE RICHTUNG, IN DER EIN RAUM DURCHSCHRITTEN WERDEN SOLL, BESTIMMT DIE REIHENFOLGE, IN DER DIE REIHENBILDER GEHÄNGT WERDEN MÜSSEN. IN EINEM KIRCHLICHEN RAUM BESTIMMT DIE DEM RAUM INNEWOHNENDE „RAUMLITURGIE" (Z.B. DIE ORIENTIERUNG AUF EINEN ALTAR HIN) DIE LESEFOLGE DER BILDER EINER BILDERREIHE.

<u>ANMERKUNG</u>: OBIGE BEMERKUNGEN HABEN MIT DEM SPRECHZEICHNEN DIREKT NICHTS MEHR ZU TUN. SIE SIND WICHTIG FÜR DAS HÄNGEN VON BILDERN IN EINEM BESTIMMTEN RAUM.

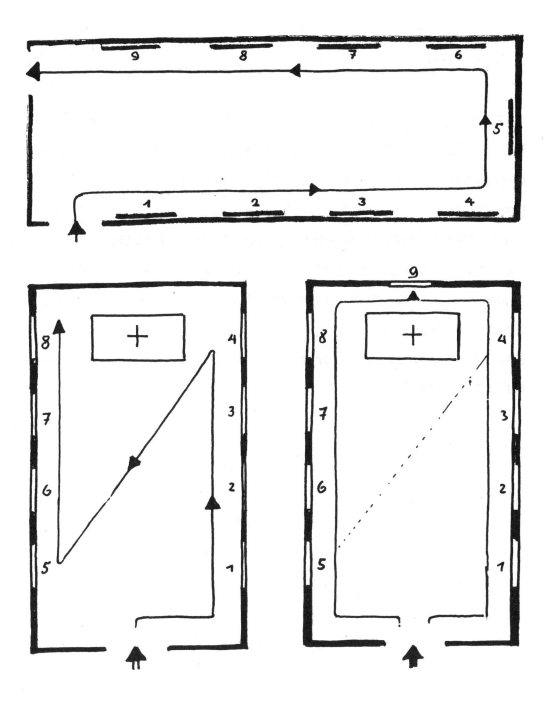

| BILDERREIHE MIT HÖHEPUNKT | TAFEL 54 |

TAFEL 54 ZEIGT EINE BILDERREIHE, DIE DAS LEBEN JESU DARSTELLT UND ZWAR VON DER GEBURT BIS ZUR HIMMELFAHRT.

DA DER BILDBERICHT MIT EINEM <u>HÖHEPUNKT:</u> „HIMMELFAHRT" ENDET, MUSS DIE BILDERREIHE SO ANGEORDNET WERDEN, DASS DIE GEBURT UNTEN UND DIE HIMMELFAHRT OBEN IN DER BILDER-REIHE IST.

TAFEL 54 ZEIGT ANORDNUNG UND LESERICHTUNG DER BILDER.

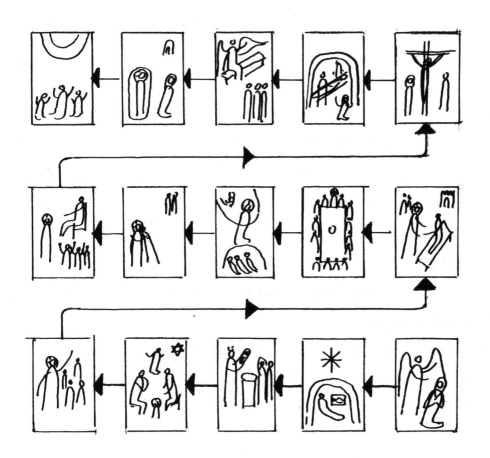

DIE BETONTE BILDERREIHE	TAFEL 55

BEIM LESEN EINER BILDERREIHE KANN ES SEIN, DASS BESTIMMTE BILDINHALTE „BETONT" WERDEN SOLLEN. DAS KANN DADURCH ERREICHT WERDEN, DASS DIE BILDER VERSCHIEDEN GROSS GEMACHT WERDEN:

IN TAFEL 55 IST AUS DEM LEBEN JESU „BETONT": GEBURT, ABENDMAHL, KREUZIGUNG, OSTERMORGEN, HIMMELFAHRT.

ES HANDELT SICH ALSO UM EINE DOGMATISCH-LITURGISCHE BETRACHTUNGSWEISE DES LEBENS JESU.

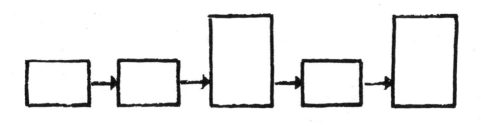

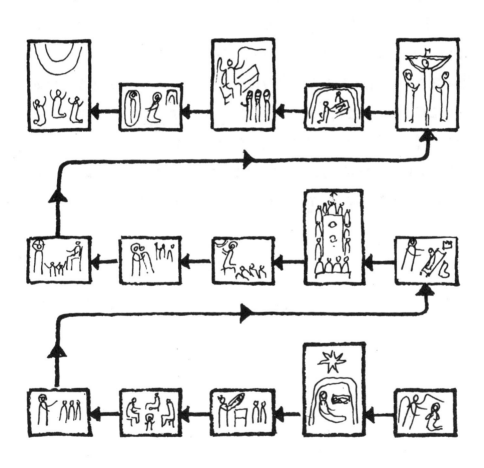

| DIE BETONTE BILDERREIHE | TAFEL 56 |

DEM INHALT NACH IST DIESE BILDERREIHE DIE GLEICHE WIE BEI TAFEL 55.

ABER DIE „BETONUNG" IST ANDERS:

ES IST BETONT: JESUS HEILT, JESUS PREDIGT.

BEI DIESER ART DER BETONUNG HANDELT ES SICH UM EINE ANDERE THEOLOGIE.

WÄHREND DIE BETONUNG VON TAFEL 55 EINE THEOLOGIE IST, DIE DIE <u>GOTTHEIT JESU</u> BETONT (EPIPHANIEN-THEOLOGIE),

BETONT DIE THEOLOGIE IN TAFEL 56 DIE <u>MENSCHLICHKEIT</u> JESU (WORT-THEOLOGIE).

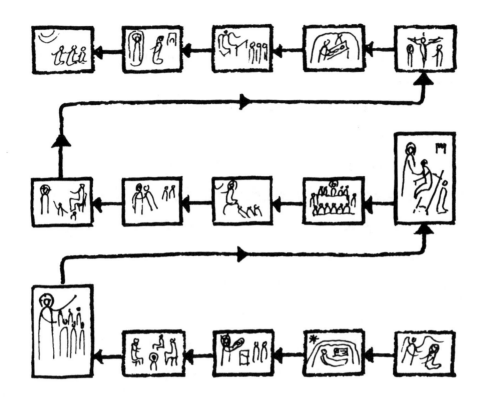

| ANORDNEN U. LESEN VON BILDERREIHEN | TAFEL 57 |

DAS HIMMELREICHS-GLEICHNIS: MATTH 22, V. 1-14, GENANNT: DAS KÖNIGLICHE HOCHZEITSMAHL.

DAS GLEICHNIS IST IN SEINEM ABLAUF SO, DASS ES ERST AM ENDE DES GLEICHNISSES ZUM „HÖHEPUNKT" KOMMT. DA EIN „HÖHEPUNKT" IM BILD IMMER OBEN SEIN MUSS, MUSS MAN MIT DEM ZEICHNEN DER BILDERREIHE UNTEN BEGINNEN, UND ZWAR DESHALB RECHTS UNTEN, DA DAS LETZTE BILD EIN GERICHTSBILD IST, DAS OBEN LINKS STEHEN MUSS. (RECHTS UND LINKS IM BILD SIEHE TAFEL 45)

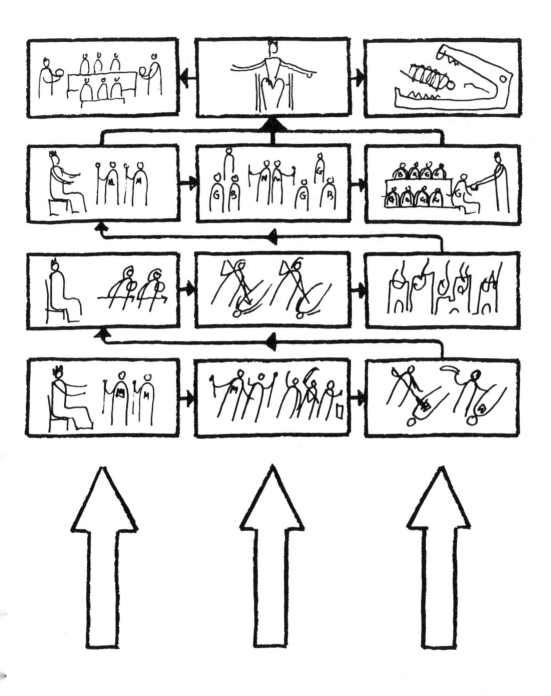

ANORDNEN UND LESEN VON BILDERN	TAFEL 58

TAFEL 58 ZEIGT MATTH. 22 ALS GESAMTKOMPOSITION. DIE UMRANDUNGEN DER EINZELNEN BILDER SIND WEGGELASSEN.

DIE KOMPOSITION WIRD VON RECHTS UNTEN NACH LINKS OBEN GELESEN. DAS LESEN DER BILDER SETZT DIE KENNTNIS DES TEXTES VORAUS.

| ÜBERSETZUNGSMETHODE VOM WORT INS BILD | II | DAS MEHR-SZENEN-BILD | TAFEL 59 |

SEIN NAME BESAGT, WORUM ES SICH HANDELT: IM MEHRSZENEN-BILD SIND MEHRERE SZENEN ZU EINEM BILD ZUSAMMENGEZOGEN. DAHER KOMEN DIE GLEICHEN PERSONEN MEHRMALS VOR. ALS BEISPIEL: LUKAS 8, V.22-25: „STURM AUF DEM MEER." OBEN TAFEL 59: DIE WICHTIGSTEN SZENEN SIND ALS 2 GETRENNTE BILDER GEZEICHNET. UNTEN TAFEL 59: DIE BEIDEN GETRENNTEN BILDER SIND IN EIN BILD (MEHRSZENEN-BILD) ZUSAMMENGEZOGEN. DAS IST VOM BILD HER DESHALB NÖTIG, WEIL DIE BEIDEN SZENEN: 1. JESUS SCHLÄFT IM BOOT, 2. JESUS GEBIETET DEM STURM, SO DICHT ZUSAMMENGEHÖREN, DASS DAS BILD AN MITTEILUNGSDICHTE VERLIERT, WENN NICHT DAS MEHRSZENEN-BILD GEWÄHLT WIRD.

| ÜBERSETZUNSMETHODE VOM WORT INS BILD | III | DAS PANORAMA-BILD | TAFEL 60 |

AN LUKAS 24, V.13-34: GANG NACH EMMAUS ZEIGE ICH DAS WESEN DES PANORAMA-BILDES: 6 SZENEN SIND ZU EINER BILDKOMPOSITION ZUSAMMENGESTELLT. SZENE 1: JÜNGER AUF DEM WEG NACH EMMAUS. SZENE 2: JESUS TRITT ZU IHNEN SIE ERKENNEN IHN NICHT. SZENE 3: JESUS GEHT MIT DEN JÜNGERN. SZENE 4: SIE SIND AM HAUS ANGEKOMMEN UND BITTEN JESUS, MIT INS HAUS ZU KOMMEN. SZENE 5: SIE ESSEN GEMEINSAM. DIE JÜNGER ERKENNEN IHN AM BROTBRECHEN. SZENE 6: DIE JÜNGER GEHEN EILENDS NACH JERUSALEM.

DEM PANORAMA-BILD LIEGT DAS REIHENBILD ZU GRUNDE.

DER GANG NACH EMMAUS Luk. 24, V. 13-34

| ÜBERSETZUNGSMETHODE VOM WORT INS BILD | III | DAS PANORAMA-BILD | TAFEL 61 |

DIE LITERARISCHEN VORAUSSETZUNGEN KÖNNEN BEIM PANORAMABILD VERSCHIEDEN SEIN: Z.B.

1. DAS REIHENBILD. Z.B. EMMAUS.
2. DER LEBENSWEG EINES MENSCHEN Z.B. SAUL.
3. DER WEG EINES MENSCHEN IN EINEM BERICHT Z.B. GLEICHNIS VOM VERLORENEN SOHN.

AUCH HIER LÖST MAN DEN BERICHT ZUNÄCHST IN EIN <u>REIHENBILD</u> AUF UND MACHT DANN MIT HILFE DES PANORAMA-BILDES EINE GESCHLOSSENE UND ÜBERSICHTLICHE BILDKOMPOSITION.

LUKAS 15. V.11-32
GLEICHNIS VOM VERLORENEN SOHN.

| ÜBERSETZUNGSMETHODE VOM WORT INS BILD | IV | DER FRUCHTBARE AUGENBLICK | TAFEL 62 |

DER BEGRIFF: "FRUCHTBARER AUGENBLICK" STAMMT VON GOTTHOLD EPHRAÏM LESSING. ER GEBRAUCHT DIESEN BEGRIFF FÜR ALLE TRANSITORISCHEN VORGÄNGE.
DAS SIND VORGÄNGE, DIE VON SEHR KURZER DAUER SIND, PLÖTZLICH ANFANGEN UND GENAU SO PLÖTZLICH WIEDER ZU ENDE SIND.
FÜR DEN SPRECHZEICHNER IST ES WICHTIG FESTZUSTELLEN, OB IN EINER MITTEILUNG SICH EIN TRANSITORISCHER VORGANG BEFINDET. MUSS DIES BEJAHT WERDEN, DANN IST FÜR DIE ENTSPRECHENDE SZENE DER FRUCHTBARE AUGENBLICK IM SINNE LESSINGS ANZUWENDEN. TAFEL 62, BILD I ZEIGT ALS KLASSISCHEN TRANSITORISCHEN VORGANG "DIE HEILUNG DES BLINDEN" (AUS EINER BUCHMALEREI IN EINE SPRECHZEICHNUNG ÜBERTRAGEN).
BILD II ZEIGT DEN "TRANSITORISCHEN VORGANG" IN DER HOCHZEIT ZU KANA (JOH 2, V.1-11). DARGESTELLT IST VERS 8 UND 9: "SCHÖPFET JETZT UND BRINGT ES DEM SPEISEMEISTER."
DAS IST DER TRANSITORISCHE VORGANG IM BERICHT.

BILD I

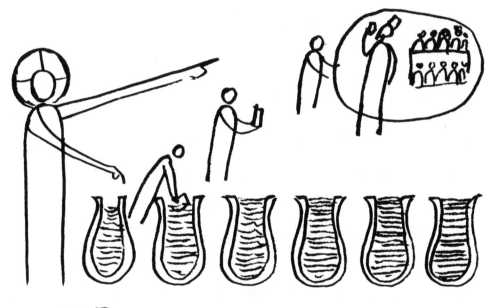

BILD II

| VON DER AUTONOMIE DES BILDES | TAFEL 63 |

BEISPIEL EINER FALSCHEN SPRECHZEICHNUNG.
1. MOSE 12, V.1: AUSZUGSBEFEHL GOTTES AN ABRAHAM.

<u>OBERES BILD</u>: DIE IM BILD ZWISCHEN DEN FIGUREN EINGETRAGENEN KURVEN SOLLEN NACH ANGABE DES THEOLOGEN, DER DIE ZEICHNUNG GEMACHT HAT, „SPERRKREISE" SEIN, DIE DEM ABRAHAM UND SEINER SIPPE ES ERSCHWEREN SOLLEN, SEIN LAND ZU VERLASSEN.

ABER DIESE „SPERRKREISE" SIND „GEDACHT" UND KEIN ECHTES BILDELEMENT. FOLGLICH: SIE MACHEN SICH SELBSTÄNDIG UND <u>VERWANDELN</u> SICH ALS <u>BILDELEMENT IN FREITREPPEN</u>.

DAS BILD ZEIGT NICHT DAS VOM ZEICHNER BEABSICHTIGTE: NÄMLICH DIE UNMÖGLICHKEIT, DASS ABRAHAM DEN BEFEHL DES HERRN AUSFÜHREN KANN. ABRAHAM IST ES EIN LEICHTES (VOM BILD AUS), SEIN VOLK, SEINE SIPPE, SEIN LAND ZU VERLASSEN.

<u>BILD UNTEN</u>: ZEIGT DIE BILDMÄSSIG RICHTIGE LÖSUNG.

1. MOSE 12 V7

| DIE BILD-ASSOZIATION | TAFEL 64 |

EINE ABSTRAKTE FORM, DIE EINE EINZIGE UND UND DAMIT EINDEUTIGE ASSOZIATION IM BETRACHTER WACHRUFT, GIBT ES SO GUT WIE NICHT. ES KOMMT IMMER DARAUF AN, IN WELCHEM SONSTIGEN BILDZUSAMMENHANG DIE FORM STEHT. DIE FORM (BILD I) IST KEINESWEGS EINDEUTIG. ALLES WEITERE IST AUS TAFEL 64, BILDER II - V ZU ERSEHEN.
BILD I: GRUNDFORM, BILD II: ANGREIFENDE FIGUR,
BILD III: DRACHENKOPF, BILD IV: BLUMENTOPF,
BILD V: SCHÜTZENDES HAUSDACH.

Bild I

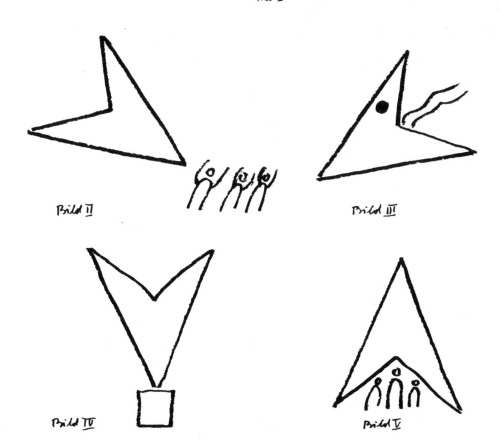

Bild II Bild III

Bild IV Bild V

| DIE BILDASSOZIATION | TAFEL 65 |

BILD I SCHEINT ABSOLUT EINDEUTIG ZU SEIN, NÄMLICH „MONDSICHEL". UND DOCH ZEIGEN DIE FIGUREN II–V, DASS DIES NICHT DER FALL IST.

BILD II + STERNE = EINDEUTIG MONDSICHEL

BILD III + AUGE + FLIEHENDE MENSCHEN = UNGEHEUER

BILD IV + MAST + WASSERWELLEN = SCHIFF

BILD V = BERGENDES

I

II III

IV V

| ÜBERSETZUNGSMETHODE VOM WORT INS BILD | V | DAS VER-WANDLUNGS-BILD | TAFEL 66 |

DIE TAFELN 63-65 ZEIGEN, DASS BEIM BILD DER AUGENBLICK EINTRETEN KANN, IN DEM DIE ZEICHNUNG SICH VON DEM „GEMEINTEN" UNABHÄNGIG MACHT UND AUTONOM WIRD, UM DANN EINE NEUE AUSSAGE INS BILD ZU BRINGEN (SIEHE "FREITREPPE", TAFEL 63).

DIESE EIGENSCHAFT VON LINIE UND FORM, AUTONOM ZU WERDEN, WIRD IM VERWANDLUNGSBILD BEWUSST VERWENDET. DAS BILD ZEIGT: LUK. 8, V. 22-25 (STURM AUF DEM MEER) HIER SOLL DURCH DIE ZEICHNUNG MITGETEILT WERDEN, IN WELCH GROSSER GEFAHR SICH SCHIFF UND BESATZUNG BEFINDEN. IN DER ZEICHNUNG WIRD DAS DADURCH MITGETEILT, DASS SICH WASSERWELLEN IN SEEUNGEHEUER <u>VERWANDELN</u>.

DAS VERHÄLTNIS VON WORT ZU BILD:	DAS BILD IM WORT DAS GLEICHNIS	TAFEL 67

LUKAS 10, V.25-37: DAS GLEICHNIS VOM BARMHERZIGEN SAMARITER

AN DIESEM GLEICHNIS WIRD DURCH JESUS GEZEIGT, WIE SEHR DAS WORT-<u>BILD</u> DEM BEGRIFFSDENKEN ÜBERLEGEN IST. JESUS DISKUTIERT MIT EINEM SCHRIFTGELEHRTEN ÜBER DEN BEGRIFF „DER NÄCHSTE" (V.25-29).

JESUS BRICHT DIE DISKUSSION V.29 AB UND ERZÄHLT DAS GLEICHNIS (= BILD IM WORT) VOM BARMHERZIGEN SAMARITER. VERS 35 BRICHT JESUS DAS GLEICHNIS AB UND FRAGT DEN SCHRIFTGELEHRTEN: (V.36) „WELCHER VON DIESEN DREIEN, DÜNKT DICH, SEI DER NÄCHSTE DESSEN GEWESEN, DER DEN RÄUBERN IN DIE HÄNDE GEFALLEN WAR?"

DER SCHRIFTGELEHRTE ANTWORTET: „DER, WELCHER IHM DIE BARMHERZIGKEIT ERWIESEN HAT."

FAZIT: MIT DER BILD-REDE IST DIE ABSTRAKTE BEGRIFFS-DISKUSSION ZU ENDE. DER SCHRIFTGELEHRTE HAT JESUS UND SEIN GLEICHNIS RICHTIG VERSTANDEN.

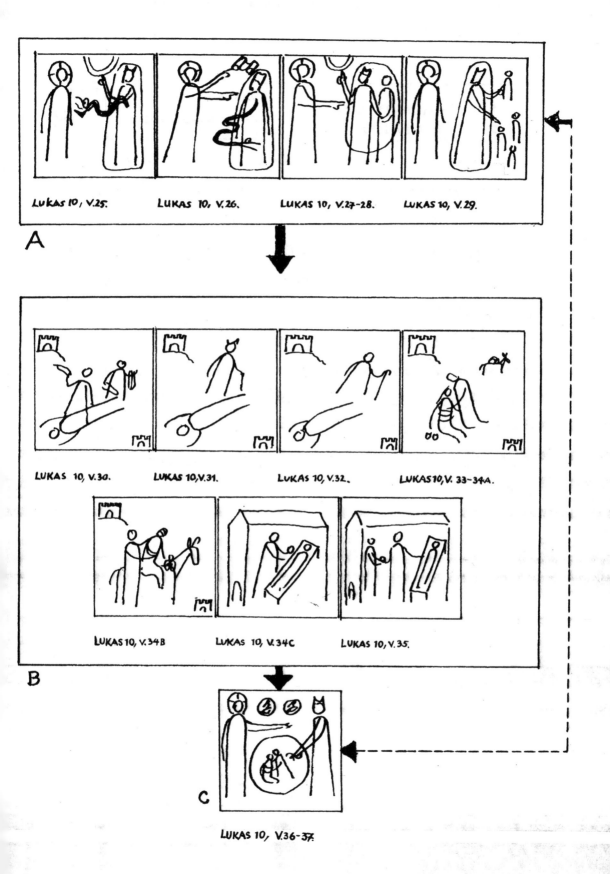

DAS VERHÄLTNIS VON WORT ZU BILD	DAS KLEINE BILD IM GROSSEN BILD	TAFEL 68

IM BIBLISCHEN TEXT KOMMT ES IMMER WIEDER VOR, DASS INNERHALB EINES BERICHTES VON EINEM DER HANDELNDEN BESTIMMTE UND WICHTIGE MITTEILUNGEN GEMACHT WERDEN, DIE FÜR DEN GANG UND DAS VERSTÄNDNIS DES MITGETEILTEN ENTSCHEIDEND WICHTIG SIND.

IM BILD MACHT MAN DAS DADURCH SICHTBAR, DASS DAS VOM HANDELNDEN MITGETEILTE ALS KLEINES BILD (BEZW. BILDERREIHE) INS GROSSBILD EINGEFÜGT WIRD.

ALS BEISPIEL: LUKAS 4: JESU PREDIGT IN NAZARETH.

DAS VERHÄLTNIS VON WORT ZU BILD	DAS KLEINE BILD IM GROSSEN BILD	TAFEL 69

LUKAS 10. V.25-37. (SIEHE TAFEL 67).
DAS GESPRÄCH JESU MIT DEM SCHRIFTGELEHRTEN:
JESUS FRAGT: „WER, DÜNKT DICH, IST DER NÄCHSTE DESSEN, DER UNTER DIE RÄUBER GEFALLEN IST?"
DIE ANTWORT DES SCHRIFTGELEHRTEN LAUTET:
„DER, WELCHER IHM BARMHERZIGKEIT ERWIESEN HAT."
EIN SOLCHES GESPRÄCH LÄSST SICH IN DER SPRECHZEICHNUNG DADURCH MITTEILEN, DASS DIE GESPRÄCHSPARTNER GROSSFORMATIG GEZEICHNET WERDEN, UND ZWISCHEN DIE GESPRÄCHSPARTNER WIRD DER INHALT DES GESPRÄCHES ALS KLEINBILD (EVENTUELL: KREISKOMPOSITION) GEZEICHNET.

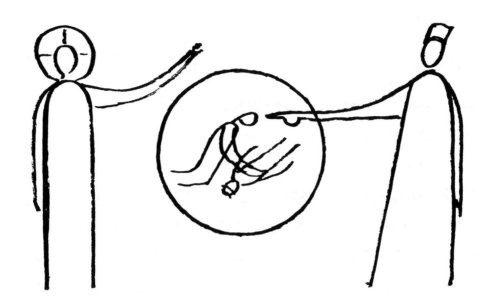

| DAS VERHÄLTNIS VON WORT ZU BILD | DAS KOMPILATORISCHE BILD | TAFEL 70 |

Unter dem kompilatorischen Bild verstehe ich ein Bild, in dem mehrere Bibelstellen in EIN Bild ineinandergeblendet sind.

Das geradezu klassische kompilatorische Bild ist das Kreuzigungsbild des Matthias Grünewald im Isenheimer Altar. Dort sehen wir in der Mitte den Gekreuzigten, rechts von ihm Maria und Magdalena mit Johannes Evangelista. Vermutlich liegt diesem Bildteil Joh. 19, Vers 25ff zu Grunde. Auf der linken Seite des Gekreuzigten steht Johannes der Täufer (der laut biblischem Bericht zur Zeit der Kreuzigung Christi bereits enthauptet war) und zeigt mit dem Finger auf Jesus. Mit Johannes dem Täufer, der Joh. 1, V. 29 als textliche Grundlage hat, da Johannes der Täufer auf den Gekreuzigten zeigt und sagt: "Siehe, das ist Gottes Lamm, das der Welt Sünde trägt," sind 2 ganz verschiedene Bibelstellen durch Grünewald zu einer kompilatorischen Bildaussage vereinigt worden.

| DAS VERHÄLTNIS VON WORT ZU BILD | DAS KOMPILATORISCHE BILD | TAFEL 71 |

ES GIBT VIELE WEIHNACHTSBILDER, IN DENEN DIE HIRTEN UND DIE 3 KÖNIGE IN EINEM BILD ALS ANBETENDE AN DER KRIPPE VEREINIGT SIND. TEXTLICH IST ES JEDOCH SO, DASS

DIE ANBETUNG DER HIRTEN: LUKAS 2, V.5
UND DIE ANBETUNG DER KÖNIGE: MATTH. 2, V.10

STEHT. DER EIGENTLICHE SINN DER INEINANDERBLENDUNG IST: ALLES VOLK, VON DEN EINFACHEN HIRTEN BIS ZU DEN HOCHGESTELLTEN KÖNIGEN, BETET DAS KIND IN DER KRIPPE AN.

| DAS VERHÄLTNIS VON WORT ZU BILD | BILD-WORTE | TAFEL 72 |

DIE SOGENANNTEN (BIBLISCHEN) ICH-BIN-WORTE SIND ALS BILD NICHT OHNE WEITERES DARSTELLBAR. UM SIE DENNOCH ALS BILD ZU GESTALTEN, DÜRFEN WIR VON DEN CHRISTUSGLYPHEN (TAFEL 34) NUR DAS SOGENANNTE CHRISTUSMONOGRAMM (D) VERWENDEN UND NICHT DIE CHRISTUSGLYPHEN (TAFEL 34: JESUS CHRISTUS A-C). NUR IN DER ZUSAMMENSTELLUNG: ⳩ + 🍇 = MONOGRAMM CHRISTI + TRAUBEN KOMMT DAS „ICH-BIN" ALS BILD RICHTIG HERAUS.

„ICH BIN DER WEINSTOCK, IHR SEID DIE REBEN"

DIESE ZEICHNUNG TEILT NICHT MIT: ICH BIN DER WEINSTOCK...
DIESES BILD TEILT MIT: JESUS CHRISTUS ERNTET TRAUBEN.

DIESE ZEICHNUNG TEILT MIT: ICH (☧) BIN DER WEINSTOCK....

| DAS VERHÄLTNIS VON WORT ZU BILD | BILD-WORTE | TAFEL 73 |

TAFEL 73 ZEIGT WEITERE BILD-WORTE.

OBEN: ICH BIN DAS LEBENDIGE WASSER.
UNTEN: ICH BIN DIE TÜR.

| DAS VERHÄLTNIS VON WORT ZU BILD | BILD-WORTE | TAFEL 74 |

TAFEL 74 ZEIGT DAS BILD-WORT:

„IN-CHRISTO-SEIN"

ALS BE-ZEICHNENDES BILD.

EBENSO DAS WORT:

„UND LASSET EUCH AUCH SELBST WIE LEBENDIGE STEINE AUFBAUEN ALS EIN GEISTLICHES HAUS."

(1. PETRUS 2, V.5)

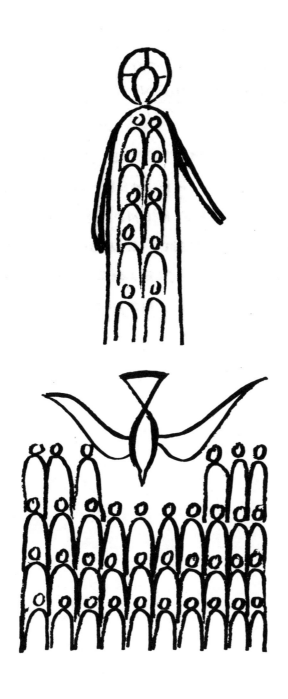

| FALSCHE ANWENDUNG VON ZEICHEN UND SYMBOLEN | | TAFEL 75 |

HIER IST DER FALSCHE VERSUCH GEMACHT WORDEN: MENSCHEN, DIE UM JESUS VERSAMMELT SIND, NICHT MIT DER GLYPHE „MENSCH" SONDERN MIT EINEM „KREUZ-ZEICHEN" UND JESUS CHRISTUS DURCH DAS „MONOGRAMM CHRISTI" ZU BEZEICHNEN. ABER EINE ADDITION VON „KREUZ-ZEICHEN" IN EINEM BILD SIGNALISIERT NICHT „MENSCHEN," SONDERN „FRIEDHOF."

| DAS KURZ – BILD | TAFEL 76 |

DEM ZEICHEN (SYMBOL-ZEICHEN) SEHR ÄHNLICH IST DAS KURZ-BILD.
TAFEL 76 ZEIGT ALS BEISPIEL: MATTH. 25, V.13-21,
DIE SPEISUNG DER 5000,
TAFEL 76 UNTEN: ALS SPRECHZEICHNUNG DEN BIBLISCHEN BERICHT. DIE ENTSCHEIDENDEN „GEGENSTÄNDE" DER HANDLUNG SIND: 2 FISCHE, 5 BROTE UND 12 VOLLE KÖRBE. SOMIT SIND: 2 FISCHE + 5 BROTE + 12 VOLLE KÖRBE DAS KURZ-BILD VON MATTH. 25, V.13-21 (SIEHE TAFEL 76 OBEN).

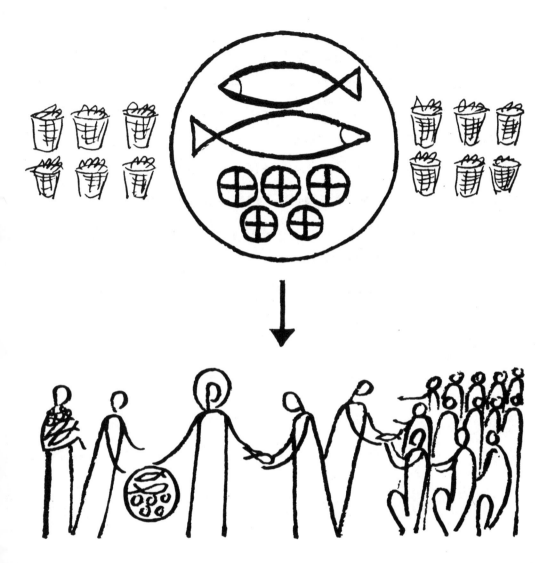

| DAS KURZ-BILD | TAFEL 77 |

TAFEL 77 ZEIGT EIN WEITERES BEISPIEL FÜR DAS KURZ-BILD: "PETRI FISCHZUG".

DAS BILDSIGNAL FÜR DAS EIGENTLICHE GESCHEHEN IM BERICHT IST: "EIN SCHIFF MIT EINEM NETZ, VOLL MIT FISCHEN". SO IST DIESES DAS "KURZBILD" FÜR "PETRI FISCHZUG".

UNTEN: DER GANZE BERICHT ALS SPRECHZEICHNUNG.

KURZ – BILDER	TAFEL 78

TAFEL 78 ZEIGT 4 WEITERE BEKANNTE KURZ-BILDER

BILD 1: ERDENBOGEN (HÖHLE) + KIND IN DER KRIPPE + STERN = KURZBILD: WEIHNACHTEN

BILD 2: ERDENBOGEN (HÖHLE) + OFFENES GRAB + GRABTÜCHER = KURZBILD: OSTERMORGEN

BILD 3: ERDENBOGEN (BERG) + 3 KREUZE = KURZBILD: GOLGATHA

BILD 4: DRACHEN WIRD VON KREUZLANZE GETÖTET = KURZBILD: MICHAELSKAMPF

| BEISPIEL EINER SPRECHZEICHNUNG | TAFEL |
| LUKAS 7, V 1-10: HAUPTMANN VON KAPERNAUM | 79 |

DER TEXT LÄSST SICH LEICHT IN 4 BILDER EINTEILEN. ALS BESONDERES KOMMT DAZU: DASS DIE VERSE 6b-8 = BILD 3: ZWEI VORGÄNGE ENTHALTEN: 1. DEN ABLAUF DER GESCHICHTE UND 2. DIE MEINUNG DES HAUPTMANNS ÜBER BEFEHLEN UND GEHORCHEN. ES IST DESHALB RICHTIG, BILD 3 IN BILD 3a + 3b ZU TEILEN. DABEI WIRD BILD 3b RECHTS HERAUSGESTELLT UND NICHT IN DIE REIHENBILDER DES TEXTES EINGEFÜGT. BEI EINGEHENDER BETRACHTUNG VON BILD UND TEXT ERKENNT MAN, DASS DIE INTENTION DES TEXTES IN BILD 3b LIEGT.

WAS DER EXEGET DAZU SAGT: STEHT IM VORWORT: UNTER: HAUPTMANN VON KAPERNAUM

| BEISPIEL EINER SPRECHZEICHNUNG | TAFEL |
| LUKAS 8: V.40-56: TOCHTER DES JAÏRUS | 80 |

DIE DURCHFÜHRUNG DER SPRECHZEICHNUNGEN IST EINFACH. DER TEXT WIRD IN 4 BILDER AUFGETEILT. UND ZWAR:

BILD 1: V.40-42, BILD 2: V.43-48,
BILD 3: V.49-50, BILD 4: V.51-56.

DER EXEGET SAGT DAZU FOLGENDES:

„IM VERGLEICH MIT ANDERN SYNOPTISCHEN AUFERWECKUNGSGESCHICHTEN, DÜRFTE DAS BESONDERE DER JAÏRUS-PERIKOPE DARIN BESTEHEN, DASS JESUS DURCH SEINE ZUSAGE (V.42 +V.50 +V.52) EINEN MENSCHEN (JAÏRUS) ENTGEGEN ALLEM WIDERSPRECHENDEN AUGENSCHEIN IM GLAUBEN BESTÄRKT."

ES IST DIE AUFGABE DES SPRECHZEICHNERS DIE MEINUNG DES EXEGETEN SICHTBAR ZU MACHEN. DIES GESCHIEHT DADURCH, DASS JESUS UND JAÏRUS DURCH EINE GESCHLOSSENE FORM (LINIE) ENG MITEINANDER VERBUNDEN SIND.

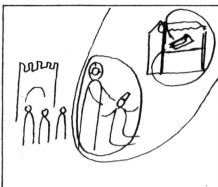

BILD 1. LUK. 8, V. 40-42

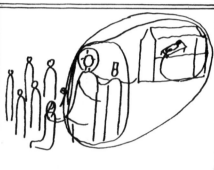

BILD 2. LUK. 8, V. 43-48

BILD 3. LUK. 8, V. 49-50

BILD 4. LUK. 8, V. 51-56

LUKAS 8 V. 40-56   TOCHTER DES JAIRUS

| BEISPIEL EINER SPRECHZEICHNUNG | TAFEL |
| LUKAS 19, V.1-10: CHRISTUS UND ZACHÄUS | 81 |

DER TEXT WIRD IN FOGENDE REIHENBILDER ZERLEGT:

BILD 1: V. 1-4
BILD 2: V. 5
BILD 3: V. 6-7
BILD 4: V. 8-10

| BEISPIEL EINER SPRECHZEICHNUNG | TAFEL |
| LUKAS 19, V. 1-10: CHRISTUS UND ZACHÄUS | 82 |

MIT VERS 10 IST DER BERICHT ZU ENDE UND DER TEXT IN 4 REIHENBILDER ZERLEGT. DAMIT IST ABER DAS „EIGENTLICHE" DES TEXTES NOCH NICHT GEZEICHNET. DAS EIGENTLICHE DES TEXTES STEHT VERS 9b: „SINTEMAL ER AUCH ABRAHAMS SOHN IST." ES GEHT ALSO UM DIE „SÖHNE ABRAHAMS." FRAGE: WORAN ERKENNT MAN DIE „SÖHNE ABRAHAMS?" DIE SÖHNE ABRAHAMS STEHEN IN DER GNADE GOTTES UND UNTER DESSEN GESETZ. ES IST GUT, WENN DIES DER SPRECHZEICHNER IN EINEM EXTRA-BILD SICHTBAR MACHT. EIN SOLCHES BILD NENNEN WIR DESHALB EIN KERYGMATISCHES BILD, WEIL DARIN DAS „KERYGMA" SICHTBAR WIRD. IM ZUSAMMENHANG MIT DIESEM TEXT IST ES GUT 2 KERYGMATISCHE BILDER ZU ZEICHNEN. DABEI IST DAS 1. BILD EIN HILFSBILD ZUM 2. KERYGMATISCHEN BILD. DAS 1. KERYGMATISCHE BILD MACHT SICHTBAR: DIE SÖHNE ABRAHAMS IN DER GNADE UND DEM GESETZ GOTTES. AUSSERDEM WIRD NOCH GEZEIGT, WARUM ZACHÄUS NICHT MEHR ALS SOHN ABRAHAMS ANGESEHEN WIRD. (ER HAT ALS ZÖLLNER DURCH WUCHERZÖLLE UNRECHTES GELD VERDIENT, DAMIT GEGEN DAS GESETZ GOTTES VERSTOSSEN UND DAMIT SEINE SOHNSCHAFT VERLOREN). IM 2. KERYGMATISCHEN BILD WIRD GEZEIGT, WIE SCHWER ES FÜR JESUS IST, EINEN „VERLORENEN" ZURÜCKZUHOLEN. DENN, DIE SICH FÜR DIE SÖHNE ABRAHAMS HALTEN, VERWANDELN DAS GNÄDIGE GESETZ GOTTES IN EINE „GESETZLICHKEIT" (IM BILD: SCHWARZE GESETZESTAFELN), ÜBER DIE SIE GLAUBEN VERFÜGEN ZU KÖNNEN.

ABER DIESE „GESETZLICHKEIT" WIDERSPRICHT DEM GESETZ GOTTES.

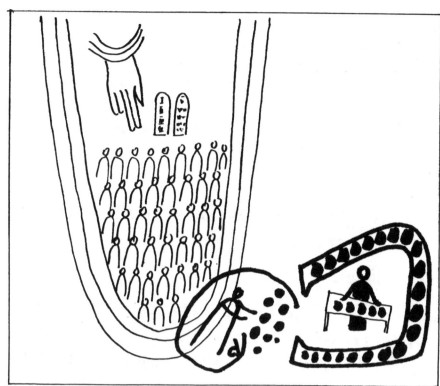

BILD 1

BILD 2

BEISPIEL EINER SPRECHZEICHNUNG	TAFEL
APOSTELGESCHICHTE 8, V. 26-40 DER SCHATZMEISTER AUS AETHIOPIEN	83

DER TEXT WIRD IN 5 REIHENBILDER AUFGETEILT UND ZWAR: BILD 1 = VERS 26-28

BILD 2 = VERS 29-30

BILD 3a = VERS 31-35a → BILD 3b = VERS 35b

BILD 4 = VERS 36-39a

BILD 5 = VERS 39b

BEI GENAUEREM LESEN DES TEXTES ENTDECKT MAN, DASS IN VERS 31-35 DIE MITTEILUNG DES TEXTES SICH SPALTET: EINERSEITS LÄUFT DER BERICHT DES TEXTES WEITER, ANDERERSEITS IST MITGETEILT, WAS DER SCHATZMEISTER LIEST UND WIE ES IHM PHILIPPUS ERKLÄRT. ES IST DAHER FÜR DAS SPRECHZEICHNEN WICHTIG, DIESE VERSE IN EIN PARALLEL LAUFENDES DOPPELBILD ZU ZERLEGEN (BILD 3a UND 3b). DABEI STELLT SICH HERAUS, DASS IM VERS 35 DIE INTENTION DES TEXTES ENTHALTEN IST, DENN DIE CHRISTOLOGISCHE AUSLEGUNG DES JESAJATEXTES VERANLASST DEN SCHATZMEISTER, SICH VON PHILIPPUS AUF CHRISTO TAUFEN ZU LASSEN. ALLE SICH DARAUS ERGEBENDEN PROBLEME GEHÖREN INS GESPRÄCH UND NICHT INS SPRECHZEICHNEN.

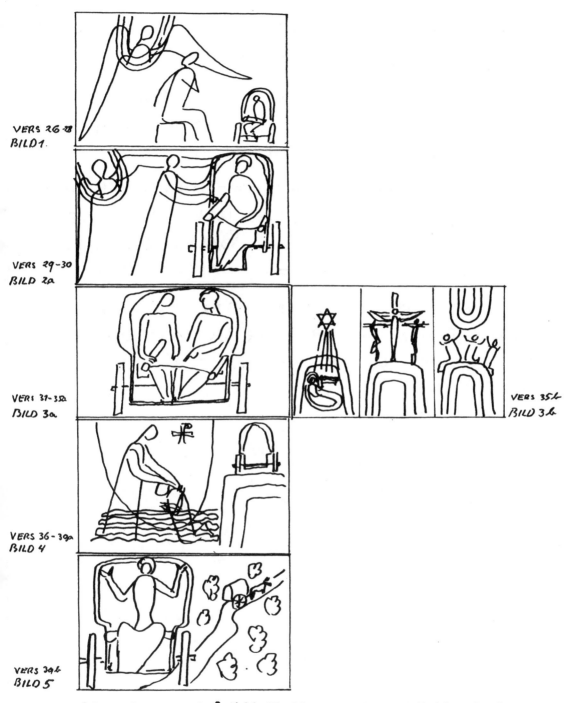

| BEISPIEL EINER SPRECHZEICHNUNG | TAFEL |
| 1. SAMUEL 17, V.1-58: DAVID UND GOLIATH | 84 |

EINZELNE ANGABEN ZUR SPRECHZEICHNUNG SIEHE IM VORWORT. EBENSO DORT AUCH DIE ANGABEN DES EXEGETEN.

DIE EINTEILUNG IN REIHEN-BILDER-REIHEN BEDEUTET:

REIHE A: DAVID-SEIN VATER
REIHE B: DAVID-GOLIATH
REIHE C: DAVID-SAUL

IN REIHE C IST VOR ALLEM GEZEIGT, WIE SAUL DURCH SEINE FURCHT VOR GOLIATH DIE GNADE GOTTES VERLIERT UND DIESE AN DAVID ÜBERGEHT.

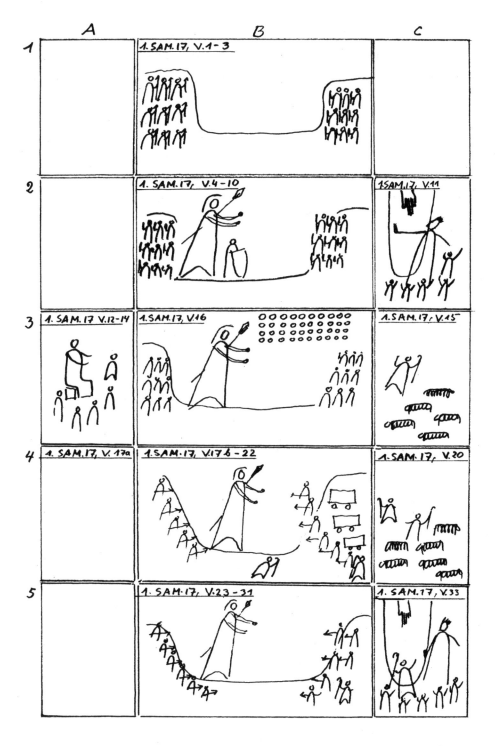

1. SAM. 17, V. 1-58: DAVID UND GOLIATH

| BEISPIEL EINER SPRECHZEICHNUNG | TAFEL |
| 1. SAM. 17, V. 1-58 DAVID UND GOLIATH | 85 |

FORTSETZUNG

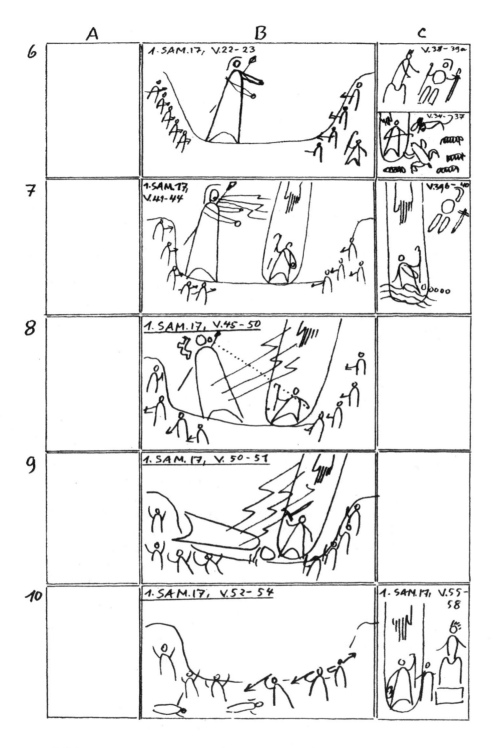

1. SAM. 17, V. 1–58: DAVID UND GOLIATH

SPRECHZEICHNEN und der Tageslichtschreiber (Overhead-Projektor)

Sprechen und Zeichnen, das ist eine echte Chance, Menschen unserer Tage – großen wie kleinen – das Zeugnis der Bibel weiterzugeben. Vielfach wird die Botschaft mit Tafel und Kreide vermittelt werden. Wie ist es aber bestellt, wenn weder das eine noch das andere zur Verfügung, dafür aber ein Tageslichtschreiber zur Benutzung bereit steht? Ist die Fläche dann nicht zu klein, das Zeichnen zu umständlich? Grundsätzlich gilt auch hier, was für die Tafel gilt: Der Sprechzeichner muß sich von seiner Bildexegese eine Sprechzeichnung anfertigen, die er, wie das Manuskript einer Predigt, zur Darbietung gebraucht. Auf diese Weise kann er sich auf die Größenverhältnisse, die ihm zur Verfügung stehen, vorbereiten und einstellen. Das ist beim Tageslichtschreiber noch einfacher als bei der Tafel, weil er sein Manuskript, die vorbereitete Sprechzeichnung, im Maßstab 1:1 anfertigen kann. So weiß er, wieviel Platz ihm zur Verfügung steht und wie groß seine Glyphen bei der Darbietung gezeichnet werden dürfen. Wer sich so oft wie möglich der Methode des Sprechzeichnens bedient, wird feststellen, daß er eine leichte und bewegliche Hand gewinnt, die gerade für die Benutzung des Tageslichtschreibers von Vorteil ist.

Ein nächster Hinweis soll all denen gegeben werden, die eine biblische Geschichte wiederholt zu erzählen und zu zeichnen haben. Da empfiehlt es sich, eine Folie mit wasserfesten Farbstiften vorzubereiten, auf denen das »Grundbild« einer Geschichte festgehalten ist. So können ein Ort, Haus oder Baum, der See mit einem Bootsschuppen o. a. schon vorgezeichnet sein. Der Ort der Handlung ist also dem Zuhörer und Betrachter sichtbar, während der Bibeltext von einem Teilnehmer gelesen wird. Das regt das Interesse an und macht gespannt auf die Darbietung. Diese wird dann mit wasserlöslichen Farbstiften der Handlung gemäß in das schon stehende »Grundbild« gezeichnet. So kann der Skopus (Hauptaussage einer biblischen Botschaft) den Zuhörern besonders vor Augen gebracht werden. Nach der Darbietung können die wasserlöslichen Farben unter fließendem Wasser abgespült, die Folie abgetrocknet und in einer Klarsichthülle für den nächsten Gebrauch aufbewahrt werden. Auf diese Weise kann sich der Sprechzeichner einen reichen Schatz an Arbeitshilfen erstellen und griffbereit zum Einsatz zur Verfügung haben. Wer im Reisedienst steht und nie weiß, welche Arbeitshilfen am besuchten Ort gegeben sind, kann mit seinem Overhead-Koffer fast überall einsatzbereit sein. Bei fehlender Leinwand kann auf jeder hellen Zimmer- oder Saalwand die Verkündigung mit einer Sprechzeichnung durchgeführt werden.

Als letztes kann ich mutmachend bezeugen, daß ich ganze Zeltmissionsabende mit Sprechzeichnen per Tageslichtschreiber gestaltet habe. Das schönste Zeugnis hörte ich von den Kaingang-Indianern nach einem Abend in Südamerika, als ich ihnen die Geschichte vom verlorenen Sohn erzählt und gezeichnet habe. Sie sagten: »Dieses Bild werden wir nie mehr vergessen!«

Siegfried Geppert

Nachwort

Es ist mir nicht leicht gefallen, dieses Buch über das Sprechzeichnen zu schreiben. Gleich eingangs habe ich darauf hingewiesen, daß Sprechzeichnen nichts mit Kunst zu tun hat, und dennoch ist in diesem Buch sehr viel von Kunst, von der Verwendung künstlerischer Mittel die Rede. Das ist unumgänglich, wenn man von Bildern spricht, die gestaltet sind. Es wurde aber damit lediglich auf die künstlerischen Mittel hingewiesen, jedoch kein Wort darüber gesagt, wie diese Mittel bei ihrer Anwendung zum Kunstwerk zu steigern sind. Das Problem der verschiedenen Bildgattungen konnte nicht ausreichend behandelt werden, was seinen tieferen Grund in der Tatsache hat, daß die Wissenschaft von den verschiedenen Kunstgattungen erst am Anfang steht. Vor allem in der protestantischen Kirche haben wir zu wenig Einblick und Erfahrung, um Endgültiges darüber sagen zu können.

Mit der immer wieder betonten grundlegenden Unterscheidung zwischen dem Bild als Abbild und dem Bild, das be-zeichnet, glaube ich, nicht nur ein formales Bildproblem aufgegriffen zu haben, sondern – wie aus Gesprächen mit Pfarrern zu erkennen war – allem Anschein nach auch ein wichtiges theologisches Problem.   Helmuth Uhrig

Arbeitshilfen für die Gemeindearbeit aus dem
BORN-VERLAG · KASSEL

Farbfolien für Kinder-, Jugend- und Erwachsenenarbeit

Die Verkündigung biblischer Botschaft kann auf verschiedene Weise erfolgen: Durch praktisches Christsein, durch Zeugnis, durch Predigt oder durch das Verkündigungsbild. Ein Prediger gestaltet mit Worten, ein Maler mit Formen und Farben. Was etwa ein Pfarrer mit Worten darlegt, verdeutlicht ein Künstler durch Licht und Schatten. Körperhaltung, Gesichtsausdruck, Linien, Schattierungen, Blickrichtung; viele Einzelheiten sprechen oft eine deutliche Sprache. Nicht selten halten allein Hände und Finger eine Predigt für sich. Die Farbfolien sind deshalb ein gutes Mittel, die biblische Botschaft zu veranschaulichen und zu vertiefen.

Gesamtverzeichnis

Best.-Nr.	Titel	Preis/DM	Preis/sfr.	Preis/öS
100 500	Alle Serien zusammen/Sonderpreis	480,–	480,–	3744,–
100 501	Toto lebt gefährlich	45,–	45,–	351,–
100 502	Tuku und der große Sumpf	17,50	17,50	136,50
100 503	Unter dem Schirm	17,50	17,50	136,50
100 504	Christenrache	17,50	17,50	136,50
100 505	Mir anvertraut	21,–	21,–	163,80
100 506	Auf Gott hören	21,–	21,–	163,80
100 507	Einer dankt	21,–	21,–	163,80
100 508	Gott loben in Ketten	21,–	21,–	163,80
100 509	Der Sämann	21,–	21,–	163,80
100 510	Der reiche Narr	24,50	24,50	191,10
100 511	Weg in die Freiheit	24,50	24,50	191,10
100 512	Prüfung bestanden	21,–	21,–	163,80
100 513	Jesus und der Sturm	36,–	36,–	280,80
100 514	Der verlorene Sohn	36,–	36,–	280,80
100 515	Die großen Gleichnisse	42,–	42,–	327,60
100 516	Und er heilte sie alle	28,–	28,–	218,40
100 517	Gleichnis von den 10 Jungfrauen	15,–	15,–	117,–
100 518	Jesus kümmert sich um uns	15,–	15,–	117,–
100 519	Daniel	28,–	28,–	218,40
100 520	Wasser	48,–	48,–	374,40
100 521	Bunte Bibel	15,–	15,–	117,–

Die einzelnen Serien enthalten zwischen 5 und 16 Folien mit Bildern von Kees de Kort, Paula Jordan, Heinz Giebeler u. a. Die Texte stammen von Paul White, J. Chr. Hampe, Rainer Zelewske u. a. Geboten werden Kurzgeschichten, Meditationstexte und Bibelarbeiten. Zusammengestellt und herausgegeben werden die Folien von Roland Eise und Reinhold Frey.
Jede Folienmappe enthält ein Textheft und eine praktische Anleitung zum Umgang mit Folien. Ausführlich vorgestellt und beschrieben werden sie im Sonderprospekt »Farbfolien«. Er ist im Buchhandel erhältlich. Sollte er nicht vorrätig sein, bitte anfordern beim Born-Verlag, Postfach 42 02 20, D-3500 Kassel.

Gemeindearbeit

Damit alles besser läuft
Wege – Hilfen – Impulse

Seelsorgerliches Handbuch für Leiter und Mitarbeiter in Jugendkreisen. Es entstand aus den Erfahrungen in der EC-Jugendarbeit und ist durch seine Thematik eine wichtige Hilfe für alle, die bibelorientierte Jugendarbeit betreiben.
BNr. 41773, 176 S., kt., DM 10,80/sfr. 10,80/öS 84,20

Siegfried Wagner, **Feiert mit**
– Feste für Jugend und Gemeinde –

Für Feiern wurden originelle Festideen gesammelt: Früchte-, Schnee-, Teich-, Bibel- oder Nomadenfest und viele andere. Sie sind geeignet für Gemeindeveranstaltungen und Freizeiten, für Erwachsene und Jugendliche.
BNr. 41762, 64 S., kt., DM 8,80/sfr. 8,80/öS 68,60

Reinhold Frey/Georg Terner/Ernst Günter Wenzler,
Praxisbuch Freizeitarbeit

Freizeiten als Zeit der Begegnung unter Gottes Wort – eine besondere Möglichkeit. Drei Praktiker vermitteln das »gewußt wie« für gelungene Freizeitarbeit.
Aus dem Inhalt: Über 100 Programm-Ideen für jede Altersgruppe, Teamarbeit, Seelsorgepraxis, pädagogische Tips, Rechts-ABC.
BNr. 41779, 520 S., kt., DM 29,80/sfr. 29,80/öS 232,40

Rainer Zelewske, **Meditationstexte mit Dias**

Rainer Zelewske hat die Meditationstexte in der Jugendarbeit entwickelt und erprobt. Sie sind geeignet für Jugendliche und Erwachsene.

Lieferbar sind zur Zeit vier verschiedene Titel.

Nr. 1 **Wüste**, BNr. 41756, 16 Dias, DM 32,–/sfr. 32,–/öS 249,60
Nr. 3 **Mauern**, BNr 41758, 8 Dias, DM 22,–/sfr. 22,–/öS 171,60
Nr. 4 **Fährmann**, BNr. 41771, 8 Dias, DM 22,–/sfr. 22,–/öS 171,60
Nr. 5 **Original**, BNr. 41772, 11 Dias, DM 32,–/sfr. 32,–/öS 249,60

Jede Serie ist im praktischen Ringordner geschützt untergebracht. Separates Textheft liegt bei.

Jugendarbeit

Tips und Themen

Eine bewährte Werkbuchreihe (nicht nur) für die Jugendarbeit. Geboten werden seelsorgerliche Hilfen für Mitarbeiter, Praxismodelle, Anleitung zur Erarbeitung und Darbietung von Bibelarbeiten, Programmgestaltung und vieles mehr.

Band 1 Rainer Zelewske, **Tips und Themen für Jugendgruppen**
BNr. 41763, 100 S., kt., DM 10,80/sfr. 10,80/öS 84,20

Band 2 Rainer Zelewske
Kreativer Alltag
BNr. 41775, 104 S., kt., DM 12,80/sfr. 12,80/öS 99,80

Band 3 Gunter Stemmler,
Man nehme
BNr. 41785, 112 S., kt., DM 12,80/sfr. 12,80/öS 99,80

Anspielbücher:

Wer ist der Größte?
Anspiele – Spiele – Sprechmotetten für verschiedene Gelegenheiten, ernst und humorvoll.
BNr. 41708, 86 S., kt., DM 8,80/sfr. 8,80/öS 68,60

Michael Kent,
Wir suchen eine Tür zum Leben
Verkündigungsspiele für Gemeinde und Jugendgruppen.
BNr. 41753, 80 S., kt., DM 9,80/sfr. 9,80/öS 76,40

Ernst Günter Wenzler,
Anstöße zum Denken, Glauben, Handeln
Denkanstöße, die unter die Haut gehen, Einfälle und Ausfälle, die überraschen. Wortspiele zum Weiter- und Umdenken.
BNr. 41755, 64 S., kt., DM 4,80/sfr. 4,80/öS 37,40

Bunter Liederladen

Bunter Liederladen
70 Lieder vom Ehepaar Hammer
und dem Brettheimer Kinderchor.

Lieferbar sind folgende Ausgaben:
Liederbuch, BNr. 41790, A6, geh., DM 3,80/sfr. 3,80/öS 29,60
Liedfolien
– 1 (Lieder 1–17) BNr. 41822 – 2 (Lieder 18–34) BNr. 41823
– 3 (Lieder 35–52) BNr. 41824 – 4 (Lieder 53–70) BNr. 41825
je DM 14,80/sfr. 14,80/öS 115,40;
Sonderpreis 1–4, BNr. 41826 nur DM 50,–/sfr. 50,–/öS 390,–
Demokassette, BNr. 41826, DM 9,80/sfr. 9,80/öS 76,40

Kindergottesdienst/Kinderarbeit

Erika Haake,
Halt an! Steig aus! Steig um!
Hilfen für die Vorbereitung und Durchführung von Kinderwochen und Kinderfreizeiten. Erika Haake ist Kindermissionarin und hat das Material in der Praxis erprobt.
Anhand der Eisenbahn wird Kindern der christliche Glaube nahegebracht.

Vorbereitungsheft
Modelle, Stundenentwürfe, Rahmenprogramm, Materialhinweise, Lieder und Druckvorlagen.
BNr. 41784, 56 Seiten A4, geh., DM 6,80/sFr. 6,80/öS 53,–

Materialmappe
Bilder, Poster, Ausschneidebogen, Arbeitsheft und vieles mehr in praktischer Mappe im Format A2.
BNr. 41816, DM 28,–/sfr. 29,80/öS 218,40

Komm, mach mit 1 – Arche Noah
Spiel- und Bastelmappe im Format A3. Wir basteln die Arche Noah und die Tiere, lösen Rätselfragen über Noah und seine Arche und spielen das Spiel: Noah belädt die Arche.
BNr. 100401, DM 16,80/sfr. 19,80/öS 131,–

Jungscharen/Jungenschaften

Mit Gott gewinnen
41739 – Leiterheft 30 S. DM 4,80/sfr. 4,80/öS 37,40
41740 – Arbeitsheft Jungen, DM 1,–/sfr. 1,–/öS 7,80
41741 – Arbeitsheft Mädchen, DM 1,–/sfr. 1,–/öS 7,80
Thema: »Nachfolge«, illustriert durch Beispiele aus der Welt des Sports, für Jungen am Fußball-, für Mädchen am Handballspiel.

Freu dich an der Sonne
41737 – Leiterheft, 52 S., DM 4,80/sfr. 4,80/öS 37,40
41738 – Arbeitsheft, DM 1,–/sfr. 1,–/öS 7,80
41811 – Materialmappe, DM 18,–/sfr. 19,80/öS 53,–
Thema: Gemeinschaft mit Jesus bedeutet Leben.

Tour des Glaubens
41709 – Leiterheft, 80 S., DM 6,80/sfr. 6,80/öS 53,–
41710 – Arbeitsheft, DM 1,–/sfr. 1,–/öS 7,80
41809 – Materialmappe DM 28,–/sfr. 29,90/öS 218,40
Thema: Christsein, illustriert am Beispiel einer Fahrradtour.
41810 – Fahrradrallye, DM 11,80/sfr. 11,80/öS 92,–
Ein Spiel für Gruppen, sorgt für Spannung, Bewegung, Aktion.

Schatzplan Gottes
41705 – Leiterheft, 64 S., DM 5,80/sfr. 5,80/öS 45,20
41706 – Arbeitsheft, DM 1,–/sfr. 1,–/öS 7,80
41807 – Materialmappe, DM 38,–/sfr. 42,–/öS 296,40
Thema: Die Bibel ist Gottes Schatz, der gesucht, entdeckt und gelesen werden will.

Glauben wie Abraham
41759 – Leiterheft 80 S., DM 6.80/sfr. 6,80/öS 53,–
41760 – Arbeitsheft, DM 1,–/sfr. 1,–/öS 7,80
41801 – Materialmappe, DM 45,–/sfr. 49,–/öS 351,–
Thema: Das Leben Abrahams.

Paulus – unterwegs für Jesus
41766 – Leiterheft, DM 6.80/sfr. 6,80/öS 53,–
41767 – Arbeitsheft, DM 1,–/sfr. 1,–/öS 7,80
41803 – Materialmappe, DM 42,–/sfr. 46,–/öS 327,60
10 Bibelarbeiten zu dem Leben des Apostels Paulus. Viele Ideen zur Gestaltung von Freizeiten oder Gruppenstunden mit Kindern. Die Materialmappe enthält u. a. eine Hörspielkassette, ein Spiel, Bilder.

Josua – Gott hält sein Versprechen
41782 – Leiterheft, 48 S., DM 6,80/sfr. 6,80/öS 53,–
41783 – Arbeitsheft, DM 1,–/sfr. 1,–/öS. 7,80
41813 – Materialmappe, DM 28,–/sfr. 29,80/öS 218,40
Bibelarbeiten zur Person u. zum Buch Josua, Stundenentwürfe, Rahmenprogramm u. Spiele.

Die Leiterhefte sind im Format A4, die Arbeitshefte A5, die Materialmappen A2. Sämtliches Material wurde in der Praxis erprobt und hat sich bewährt.

Reinhold Frey,
Bibelarbeit und keiner schläft
Das Standardwerk für die Arbeit unter 9–14jährigen. Theorie und Praxis machen das Buch zu einem unentbehrlichen Hilfsmittel für alle Mitarbeiter. Modelle helfen, Stunden zu gestalten und geben Anleitung zum selbständigen Arbeiten, Anleitung zum Umgang mit Bildern, Materialhinweise.
BNr. 41722, 112 S., kt., DM 10,80/sfr. 10,80/öS 84,20

Der gute Start
50 Lektionen für Jungscharstunden. Material zur Stundengestaltung. Jeder Band enthält Unterlagen für ein Jahr.
Band 1 BNr. 41727, Band 2 BNr. 41728,
Band 3 BNr. 41711, Band 4 BNr. 41769,
je ca. 200 Seiten, Spiralbindung DM 22,80/sfr. 22,80/öS 177,80